Mieko Suzuki's *Flower works*
刺繡で作る立体の花々

鈴木美江子

文化出版局

はじめに

スタンプワークとよばれる立体刺繍の花との出会いは
古い洋書の中の写真でした。はじめは刺繍かどうかもわからず、
作りたいと思っても手がかりが少なく、
手探りでパンジーの花を完成させました。
立体刺繍のパンジーの美しく可憐な姿に心ひかれ、
それから次々と多彩な花を作り続けてきました。

この本では季節に感じた花や昆虫、果物を、
時には実物に忠実に、時にはデフォルメして表現しました。
芯や縁とりにワイヤを使う立体の花の特徴は、
花びら、茎、枝を好きな角度に変えて
動きのある表情にできるところ。
糸の質感や光沢、そしてステッチの生かし方を考慮しながら、
それぞれの作品を仕上げています。

手軽に1、2時間で完成する作品ではありませんが、
入手しやすい道具、材料で製作できますのでぜひ作ってみてください。
作品はブローチとして身につけたり、箱やカゴに飾ったり、
また小さなコサージュにしてプレゼントしたりと、
楽しみながら作っていただけますとうれしいです。

みなさまに立体刺繍の魅力が伝わることを願いつつ。

鈴木美江子

Contents

Part 1 Spring & Summer
春と夏のワーク

How to make

ヒナゲシ *Papaver rhoeas*	6	52
白ムスカリ *Muscari*	7	53
マーガレット *Argyranthemum frutescens*	8	54
マーガレットの平面作品	9	55
スミレ *Viola mandshurica*	10	56
ヒメジョオン *Erigeron annuus*	11	57
モンシロチョウ *Pieris rapae*	11	58
パンジー *Viola×wittrockiana*	12	59
クローバー *Trifolium repens*	12	60
テントウムシ *Coccinellidae*	12	60
バラ3種 *Rosa*	13	61
アザミ *Cirsium*	14	64
アザミの平面作品	15	55
ツマベニチョウ *Hebomoia glaucippe*	16	65
チューリップ *Tulipa gesneriana*	16	66
サクラ *Cerasus*	17	67
スズラン *Convallaria keiskei*	18	68
スズメバチ *Vespinae*	18	69
ラベンダー *Lavandula*	19	69
マスカット *Vitis vinifera*	20	70
チェリー *Prunus avium*	20	70
ユリ *Lilium*	21	71
アジサイ *Hydrangea macrophylla*	22	72
シオカラトンボ *Orthetrum albistylum speciosum*	22	72
ヒマワリ *Helianthus annuus*	23	73
オリーブ *Olea europaea*	23	74
カラー *Zantedeschia*	24	75
コヤマトンボ *Macromia amphigena*	24	75

Part 2 Autumn & Winter
秋と冬のワーク

How to make

チョコレートコスモス *Cosmos atrosanguineus*	26	76
バラの実 *Rosa canina*	27	77
ドングリ *Quercus serrata*	27	77
メガネアゲハ *Ornithoptera priamus*	28	78
フランネルフラワー *Actinotus helianthi*	28	79
ガーベラ *Gerbera*	29	80
ヤドリギ *Viscum album*	30	81
ヒイラギ *Osmanthus heterophyllus*	30	81
キノコ3種 *Mushroom*	31	82
イチゴ *Fragaria×ananassa*	32	84
クリスマスローズ *Helleborus*	32	85
イチゴの平面作品	33	86
スイセン *Narcissus*	34	87
スノードロップ *Galanthus nivalis*	34	87

Part 3 How to make
基本の作り方

- 基本の材料と道具 —— 36
- 基本のステッチテクニック —— 38
- ユリの作り方 —— 42
- イチゴの作り方 —— 45
- チェリーの作り方 —— 46
- アザミの作り方 —— 47
- ラベンダーの作り方 —— 48
- ブローチの仕立て方 —— 49
- この本で使う基本のステッチ —— 50
- 各作品の作り方 —— 52

Part 1
Spring & Summer
春と夏のワーク

色とりどりに咲く春と夏の花々。
表情豊かに仕上がるように、
さまざまなステッチを
組み合わせて作りましょう。

Papaver rhoeas
ヒナゲシ

ロングアンドショート・ステッチで
花びらを作ります。つぼみと花心は
木玉で愛らしく。
How to make ⇨ p.52

Muscari
白ムスカリ

花は1つずつブリオン・ステッチで作ります。大きさの違う2輪をまとめましょう。
How to make ⇨ p.53

Argyranthemum frutescens
マーガレット

花びらと花心を縫い合わせて作ります。花びらはレイズドリーフ・ステッチを重ねて。
How to make ⇨ p.54

マーガレットの平面作品

青い花びらが立体的でエレガントな雰囲気をかもし出しています。
How to make ⇨ p.55

Viola mandshurica
スミレ

3色の花びらをまとめて自然な表情に。つぼみの形もスミレらしく仕上げます。
How to make ⇨ p.56

Erigeron annuus
ヒメジョオン

ふさふさとした花びらと花心は糸の房を作って、ヒメジョオンのイメージに近づけました。
How to make ⇨ p.57

Pieris rapae
モンシロチョウ

フライ・ステッチで羽の模様を表わします。触角は糸を巻いて愛らしく作りましょう。
How to make ⇨ p.58

Viola × wittrockiana
パンジー

1枚ずつ仕上げた花びらを重ねましょう。模様はストレート・ステッチで1本ずつ入れます。
How to make ⇨ p.59

Trifolium repens
クローバー

クローバーはやはり四つ葉にしました。白い花を一緒にまとめ、テントウムシを添えてかわいらしく。
How to make ⇨ p.60

Coccinellidae
テントウムシ

小さくても存在感のあるテントウムシは、植物のグリーンとも相性もよく、アクセントになります。
How to make ⇨ p.60

Rosa
バラ 3種

淡い色が優しげな気品のあるバラ。今にも開きそうなつぼみや、まだまだ固いつぼみもアクセントに。
How to make ⇒ p.61〜63

C*irsium*
アザミ

花は色を変えてワイルドな雰囲気に。
がくはボタンホール・ステッチを重ねます。
How to make ⇨ p.47, 64

アザミの平面作品

花のワイルドさをそのままに。ブリオン・ステッチで小花を添えます。
How to make ➪ p.55

Hebomoia glaucippe
ツマベニチョウ

優しげな色合いのチョウ。オレンジとブラウンの羽の模様を楽しんで。
How to make ⇨ p.65

Tulipa gesneriana
チューリップ

花びらの先端がとがったシャープな印象のチューリップ。花心を包むように、花びらを重ねて束ねます。
How to make ⇨ p.66

$\mathscr{C}$erasus
サクラ

つぼみの色を変えたデザインです。
葉っぱに赤味をプラスしてサクラらしさを。
How to make ⇨ p.67

$\mathcal{C}$onvallaria keiskei
スズラン

シングルボタンホール・ステッチで仕上げた花に、パールビーズを通してエレガントな雰囲気に。
How to make ⇨p.68

$\mathcal{V}$espinae
スズメバチ

オーガンディ素材で透ける白い羽、きらりと光るビーズの目がアクセントに。
How to make ⇨p.69

Lavandula
ラベンダー

グラデーションに色が変わるのは、段染めの刺繍糸だから。花はブリオン・ステッチをたくさん刺します。
How to make ⇨ p.48, 69

Vitis vinifera
マスカット

大きな葉っぱと大小の実をバランスよく並べて。くるくるとしたつるがアクセント。
How to make ⇨ p.70

Prunus avium
チェリー

鮮やかな色の実は、段染めの糸でグラデーションに仕上げてかわいらしくつやつやと。
How to make ⇨ p.46, 70

Lilium
ユリ

フレンチノット・ステッチで花びらにリアルな表情をつくります。5輪を束ねて大きなコサージュに。
How to make ⇨ p.42, 71

Hydrangea macrophylla
アジサイ

小さい花に見える部分はがくなんだそうです。たくさん作ってまとめましょう。
How to make ⇨ p.72

Orthetrum albistylum speciosum
シオカラトンボ

縞模様がかわいいトンボ。透ける羽は、オーガンディで。回りはビーズで囲みます。
How to make ⇨ p.72

$\mathcal{H}$elianthus annuus
ヒマワリ

ビーズでアクセントをつけた花心の
ひまわり。花びらはレイズドリーフ・
ステッチで。
How to make ⇨ p.73

$\mathcal{O}$lea europaea
オリーブ

淡いグリーンの実、深いグリーンの
葉っぱのシンプルなデザインを楽し
んで。
How to make ⇨ p.74

$\mathcal{Z}$antedeschia
カラー

フレンチノット・ステッチをランダムに散らした花は、白いほうで柔らかく包みます。
How to make ⇨ p.75

$\mathcal{M}$acromia amphigena
コヤマトンボ

下羽の形が特徴。腹にはきらりと光る糸を巻き、上品な雰囲気に仕立てましょう。
How to make ⇨ p.75

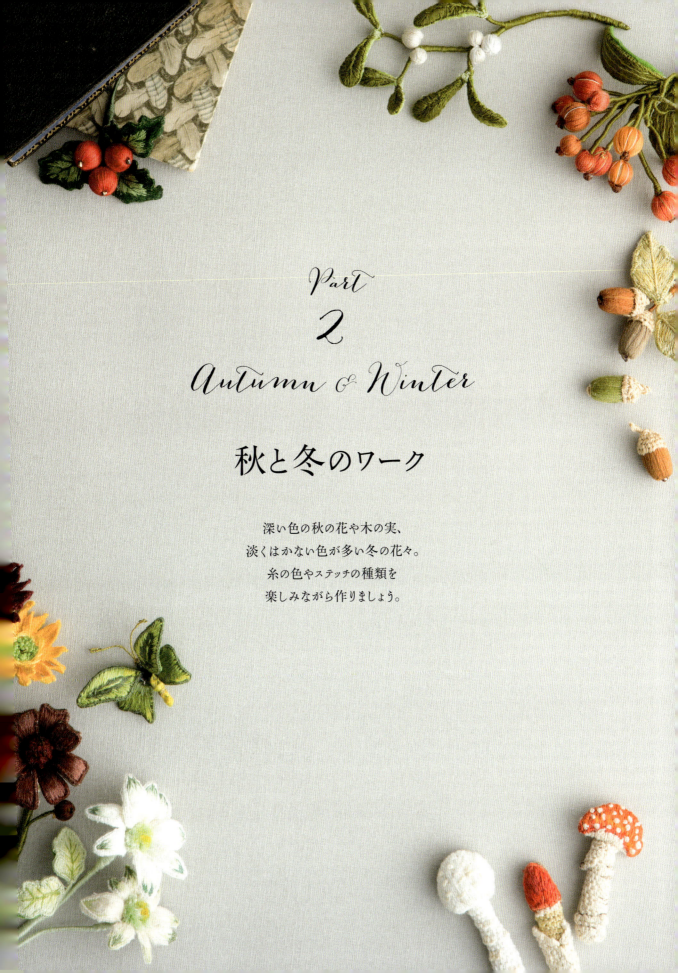

Part 2
Autumn & Winter
秋と冬のワーク

深い色の秋の花や木の実、
淡くはかない色が多い冬の花々。
糸の色やステッチの種類を
楽しみながら作りましょう。

Cosmos atrosanguineus
チョコレート
コスモス

シックなカラーのコスモスは、花びらと花心を別々に作り、1つにまとめます。
How to make ⇨ p.76

Rosa canina
バラの実

実は大きさと色を変えて作ります。筋を入れると雰囲気ある表情に仕上がります。
How to make ⇨ p.77

Quercus serrata
ドングリ

ボタンホール・ステッチで作ったぼうしが愛らしいドングリ。色を変えて作りましょう。
How to make ⇨ p.77

Ornithoptera priamus
メガネアゲハ

メガネのような形のアゲハチョウ。
イエローとグリーンの色合いを楽し
みながら刺して。
How to make ⇨p.78

Actindus helianthi
フランネル
フラワー

独特な花びらは、ロングアンドショ
ート・ステッチで色を重ねます。花
心は糸を束ねて。
How to make ⇨p.79

Gerbera
ガーベラ

スミルナ・ステッチとフレンチノット・ステッチを使い分けて、花心の違うガーベラに。
How to make ⇨ p.80

Viscum album
ヤドリギ

白い実と左右に広がる葉が特徴のヤドリギ。葉を束ねてから、実と一緒にまとめます。
How to make ⇨ p.81

Osmanthus heterophyllus
ヒイラギ

実と葉のコントラストが美しいヒイラギ。実の先はビーズで上品に飾ります。
How to make ⇨ p.81

$\mathcal{M}$ushroom
キノコ 3種

個性的なキノコは左から、タマゴタケ、シロカラカサタケ、ベニテングダケ。
How to make ⇨ p.82, 83

Fragaria × ananassa
イチゴ

イチゴの表情はトレリス・ステッチで作ります。白い花を添えると愛らしい雰囲気に。
How to make ⇨ p.45, 84

Helleborus
クリスマス
ローズ

濃いパープルが印象的な花びら。木玉の丸みと糸のふさで独特な花心に仕上げましょう。
How to make ⇨ p.85

イチゴの平面作品

ポーチやピンクッションのアクセントにしてもかわいい、平面アイディアです。
How to make ⇨ p.86

Narcissus
スイセン

束ねた糸を結んで作るおしべを、イエローの花びら1枚と、ホワイトの花びら6枚で包みます。
How to make ⇨ p.87

Galanthus nivalis
スノードロップ

雪の雫の意味が冬のイメージにぴったり。花のうつむきかげんを調節して楽しみましょう。
How to make ⇨ p.87

Part 3
How to make

基本の作り方

立体刺繍に使用する、基本の道具や
ステッチのテクニックを紹介します。
基本のステッチを使った作品のプロセスも
紹介しているので、参考に練習しましょう。

基本の材料と道具

立体刺繍に必要な材料と道具を紹介します。
それぞれ手芸店でそろえることができます。

a 麻布（半立体の作品用）
半立体の作品には、花より少し厚手の麻布を使う。本書では生成りを使用したが、仕立てるアイテムに合わせて好みの色を使用しても。

b 麻布（立体の花用）
花の土台には刺繍針が通りやすい、やや薄手の麻布を使う。本書の作品はすべて白で製作。

c シルクオーガンディ（またはポリエステルオーガンディ）
昆虫の羽に使う。

d チョークペーパー
布に図案を写すためのもの。片面タイプを麻布に重ねてトレーサーで線を引くと、色がつけられる。

e ウォッシャブルフェルト
作品をブローチに仕立てたいときにパーツの裏にはって補強する。洗っても縮みにくく、色落ちしにくいポリエステル100％を使用。

f まち針とピンクッション
一般的な裁縫用のまち針。ピンクッションに刺して使う。

g フランス刺繍針
とがった針先で、布通りがスムーズなものを使用。25番刺繍糸2本どりにはNo.8、3本どりにはNo.7を使う。

h クロスステッチ針
丸い針先で、刺繍糸や布の織り糸を割らずに刺すことができる。

i DMC 8番コットンパール
イチゴやマーガレットに使用している太いタイプの刺繍糸。

j DMC 25番刺繍糸
6本の細い糸がゆるく撚り合わされており、必要な本数を抜いて、太さを調整して使う。

k DMC ステッチボウ
刺繍糸を巻きつけ、保管しておく道具。糸がからまず、使用する長さにカットできる。

l 造花用ワイヤ
花の輪郭に埋め込んだり、花心や茎などの芯に使用。本書では長さ36cm、太さ26番の緑と白、茶を使用。

m 印つけ用ペン
時間がたつと色が消えるタイプのペン。湿度により薄くなる場合がある。

n トレーサー
図案を写すときに使用。太、細両用のタイプがあると便利。

o 布用マーカー
カットした麻布を刺繍糸の色に合わせて目立たなくするために、染色するペン。

p ほつれどめ液
糸がほつれやすいところは、ほつれどめ液を塗る。

q 糸切りはさみ
細い糸や細かい箇所が切りやすい、先のとがった刺繍用のはさみを用意する。ワイヤを切るときは文房具用のはさみを使う。

r ピンセット
作品の形を整えたり、細かいものを扱うときにあると便利。

s 目打ち
立体感を出すためにわたなどを入れるときに目打ちの先端を使うときれいに仕上げられる。

t 化繊わた
イチゴやキノコなどの中に入れて、立体感を持たせるために使う。

u ブローチピン
ブローチ仕立てにする作品に糸で縫いつける。本書では2.5cmと2.8cmを使用。

v 木玉（ウッドビーズ）
チェリーやドングリなどに使う。大小様々な形があるので、作品ごとに用意する。

w 手芸用接着剤
ワイヤに糸を巻くときや、パーツの裏にフェルトをはるときなどに使用。

x 刺繍枠
刺繍用の木の丸枠に、麻布をはさんで固定して使用。作るものによって大きさを変える。ネジを強めに締めて布をぴんと張る。

基本のステッチテクニック

この本で紹介する、立体刺繍のための基本のテクニックです。練習して作品ごとに使い分けられるようにしましょう。

シングルボタンホール・ステッチ

立体刺繍の基本的なステッチです。網目が交互になるように刺します。

1 糸を玉どめして裏から表に出した状態でスタート。ガイドの目を針ですくって、針の下に通して糸をかける。

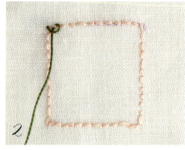

2 糸を引くと、1目の出来上り。これを繰り返して右に進んでいく。

3 4目めを刺し始めているところ。糸を引きすぎないように刺していく。

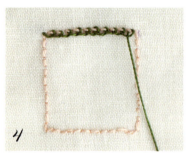

4 1段めの最後まで刺したところ。

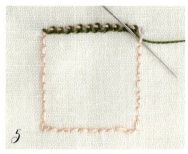

5 ガイドの1目下がったところを1回すくい、2段めのスタート。

6 同様にして糸を引き、1目ずつ左に進んで刺していく。

7 2段めに7目刺したところ。

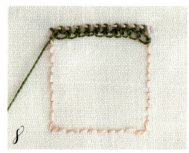

8 最後まで刺して、3段め以降も同様に折り返して刺していく。

9 最後の段はガイドの目もすくいながら刺す。シングルボタンホール・ステッチの完成。

トレリス・ステッチ

イチゴなどに使われる、ボタンホールの変形ステッチです。

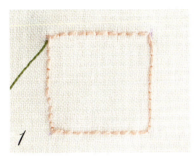

1 糸を玉どめして裏から表に出した状態でスタート。

2 1段めはシングルボタンホール・ステッチをし、最後にガイドの目を1回すくう。

3 布の裏側を通り、刺し始めのところまで糸を渡し、1段めの下に糸を出す。

4 ガイドの目を1回すくって2段めを刺し始める。

5 まず1段めの1目めの下からすくう。

6 糸を途中まで引き、できた穴にもう一度針を下から入れてすくう。

7 2段めの1目ができたところ。

8 4目めが終わり、5目めのスタートの位置に針を入れたところ。

9 3〜8を繰り返して、最後の段はガイドの目もすくいながら刺す。トレリス・ステッチの完成。

基本のステッチテクニック

レイズドリーフ・ステッチ

葉によく用いられるステッチは、マーガレットの花びらにも使用しています。まち針を軸にして織るように作りましょう。

1
糸を玉どめして裏から表に出す。

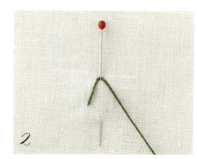

2
まち針を右側に刺し、糸をかける。

3
右下へ刺し、まち針の手前側中心（まち針の際）から下から糸を出す。

4
まち針の上に左から糸をかけ、中心の糸を張る。

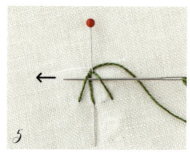

5
張った糸の右側から針を下、上、下の順にくぐらせ、糸を通す。クロスステッチ用の針を使用する。

6
1段めを通したところ。

7
次は左側から上、下、上の順に通す。フランス刺繍針しかない場合はこのように背からくぐらせてもいい。

8
5〜7を下まで繰り返し、下まで終わったところ。作りたい葉のサイズに合わせて、張る糸の長さを2で調節する。

9
まち針を抜いて、レイズドリーフ・ステッチの完成。立体的な葉が作れた。

スミルナ・ステッチ

ガーベラの中心や昆虫の胴体などに使うステッチです。
フリンジを1つずつ重ねて作っていきましょう。

1
糸を玉どめして裏から表に出し、右隣に刺す。

2
糸を引き、輪(フリンジ)を作って残す。

3
輪(フリンジ)を指で押さえながら、フリンジの中心から針を出す。

4
等間隔に針を刺し、糸を引いてフリンジをとめる。

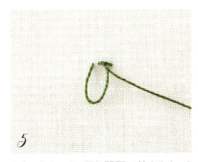

5
とまったところ。同じ間隔で針を入れ、2個めのフリンジを作る。

6
2個めのフリンジができたところ。繰り返して1段分作る。

7
1段めができたところ。同じ大きさのフリンジを並べていく。

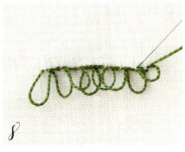

8
2段めは戻るようにフリンジを作る。すぐ上にすきまなく刺してフリンジを重ねる。輪の大きさは、1段めと同様。

9
でき上がったフリンジは糸の輪をカットして房を作ることもできる。

ユリの作り方

さまざまなステッチを使ってユリを作ってみましょう。
花びらと葉を1枚ずつ作り、花心とまとめて仕上げます。
（口絵はp.21、材料と図案はp.71を参照）

1 印つけ用ペンで下絵を描く。

2 ワイヤ（白）を置き、白の糸（80cm 1本）を半分に折って針に通し、輪通し（p.51）する。

3 ワイヤを図案に少しずつ添わせながら3mmおきくらいでワイヤを1周とめ、糸が表に出た状態でワイヤのみ切りそろえておく。

4 花びらを刺していく。まず中央にランニング・ステッチをする（捨て糸）。

5 ロング＆ショート・ステッチで刺して花びらの外側を埋めていく。

6 外側が刺し終わったところ。花びらの左右に分けて刺すと刺しやすい。

7 内側を刺す。始めは、裏側の刺繍糸の中をくぐらせて、表へ針を出す（写真はわかりやすくするために、緑を使用）。

8 ロング＆ショート・ステッチで内側を埋めていく。外側とすきまがあかないように、少し糸を重ねて刺す。

9 途中まで刺したところ。

10 内側の左右が刺し終わったところ（写真は左側だけ緑を使用、右側は作品と同様の生成りで刺している）。

11 中央の縦にアウトライン・ステッチを刺す。

12 印つけペンで三角の目印をつけてストレート・ステッチで根もとを埋める。

13 ユリの花びらの凹凸を出すために、フレンチノット・ステッチ（2回巻き）を5mmおきくらいで刺していく。

14 フレンチノット・ステッチができたところ。

15 ワイヤを巻くように、根もとからボタンホール・ステッチで1周する。

16 ボタンホール・ステッチを刺しているところ。すきまをあけすぎないように。

17 ボタンホール・ステッチが終わったら、はさみで切り取る。このとき、刺繍糸を切らないように注意する。

18 大きなユリの花びらの特徴を出すために、裏にも4本どりの糸でワイヤ（緑）をとめつける。ワイヤは輪通しで固定する。

19 4本の糸を並べるように糸をかけ、ワイヤを巻きかがりする。このとき、布はすくわず糸だけをすくって糸をかけるように。

20 先端はワイヤを切って糸の中に隠す。

21 花びらの終わりからワイヤに糸を巻いていく。接着剤を少しずつつけながらとめる。

22 花びらの完成。必要な枚数を作る。

花心

23 ワイヤ（緑）を半分に折って、茶色の糸（40cm 3本）を半分に折って輪通し（p.51）する。

24 ワイヤに2cmくらい接着剤をつける。

25 接着剤がついている部分まで巻きつける。

26 上から、緑の糸4本どりを重ねてワイヤの最後まで巻き、接着剤でとめる。

27 同様にしておしべ（茶色）を6本、めしべは薄茶色の糸（4本どり）で1cm分ふっくらと巻いて1本作る。

葉

28 ワイヤ(緑)を置き、緑の糸(80cm 1本)を半分に折って針に通し、輪通ししてワイヤを1周とめる(p.42)。

29 中央にランニング・ステッチ(捨て糸)をしてから、アウトライン・ステッチをして葉の中心を縦に刺す。

30 中心のアウトライン・ステッチとすきまをあけずに、続けて縦に並べて刺す。

31 中心の線から左右に分け、アウトライン・ステッチで埋める。ワイヤを巻くように、根もとからボタンホール・ステッチで1周する。

32 黄緑の糸(2本どり)を裏から出し、アウトライン・ステッチで葉脈を刺す。中心に1本、左右に1本ずつ、計3本刺す。

33 刺し終わったら、はさみで切り取る。

34 縁に見える白い麻布は、布用マーカーで色を塗っておく。

花と葉をまとめる

35 めしべの回りにおしべをまとめ花心にする。

36 花びらを大小交互に重ねていく。

37 ワイヤ(緑)でまとめる。

38 淡緑の糸(6本どり)を1cm、濃緑の糸(6本どり)を1.5cmの幅で、6本が平たく並ぶように順に巻きつける。

39 途中で葉も加えながら、ワイヤの先まで糸を巻きつける。最後は接着剤でとめる。

40 ピンセットで花心、花びらの形を整える。

41 花1輪が完成。大小の花とつぼみ、葉をまとめて大きなユリに仕上げる。

完成

イチゴの作り方

わたを入れたフェルトにトレリス・ステッチを刺して
表情をつくります。へたはレイズドリーフ・ステッチで加えましょう。

（口絵はp.32、材料と図案はp.84を参照）

1 麻布に下絵を描き、図案より5mm大きいフェルトを用意する。

2 フェルトは、わたを入れる口（上部1cmくらい）を残し、印つけペンの印にそって、たてまつり縫いする（8番刺繍糸1本どり）。

3 上部からピンセットや目打ちでわたを詰め、口を縫いとじる。

4 糸をクロス・ステッチ針に通し、上部をバック・ステッチで6目刺す。1段め（p.39-2）を刺し、2段めの始めに針を出す。

5 2段めの1目めを拾っているところ。

6 トレリス・ステッチの1目めを刺しているところ。

7 イチゴの幅に合わせ、段が増えるごとに両端の目を1目ずつ増やしながらフェルトをおおっていく。

8 幅が減るところは、同じ要領で両端を1目ずつ減らしながら、ステッチをしていく。最後に糸のバランスを整える。

9 イチゴの形にそって、トレリス・ステッチでおおったところ。

10 緑の糸（2本どり）で葉を5枚（上2枚、下3枚を重ねる）、レイズドリーフ・ステッチでつける。

11 5mmくらい余白を残して、はさみで切り取る。このとき、カーブにそって2～3mmくらいの切込みを1周、5mm間隔で入れる。

12 裏に麻布を折り込んで接着剤でとめ、イチゴの形に切ったフェルトをたてまつりで縫いつければ完成。

チェリーの作り方

木玉に糸を巻いて実を作ります。
へたはシングルボタンホール・ステッチでとめましょう。
（口絵はp.20、材料と図案はp.70を参照）

1
段染めの糸（60cm 2本）を半分に折って針に通し、木玉に輪通し（p.51）でとめる。

2
木玉に巻きつけていく。糸が1本ずつきれいに並ぶように巻く。

3
巻き終りは、穴の中の糸に引っかけるように針を通す。

4
木玉に巻き終わったところ。グラデーションがきれいに見える。

5
穴を埋める準備をする。木玉に同じ糸を輪通しでとめる。

6
木玉に巻いた糸をすくいながら、シングルボタンホール・ステッチで穴を1周する。

7
2周ほどして穴が埋まったら、糸を反対側に通して切る。

8
ワイヤ（緑15cm）を半分に折って先を少し残し、緑の糸（40cm 2本）を半分に折って輪通しして巻く。実に入れる分は巻かない。

9
実の穴にワイヤを刺し込む。

10
ボタンホール・ステッチでへたの回りを締め、へたが動かないように2回ほど糸で巻き、固定する。

11
最後に上から針を刺して下に出し、糸を切る。

12
へたの先端に接着剤をつけ、茶色の糸（3本どり）を巻きつけて完成。接着剤が乾くと、糸が落ち着く。

アザミの作り方

茎は大小のシングルボタンホール・ステッチをかけて作ります。
花は糸をまとめてカットし、アザミらしい表情にしましょう。

（口絵はp.14、材料と図案はp.64を参照）

1
紫の糸(6本どり)200cmを4回折って、約12cmの幅にする。これを濃淡2色、用意する。

2
2つを束ねて中心にワイヤ(緑)を2本かけ、ワイヤをねじってとめる。

3
1.5×3cmに切ったフェルトを巻き、まち針でとめておく。

4
緑の8番刺繍糸(1本どり)でまつり縫いをしてとめ、残りの糸を花の根もとにしっかり巻きつける。

5
巻きつけた糸に引っかけ、シングルボタンホール・ステッチで1周する。

6
下までステッチをして、フェルトをおおう。このとき、残った糸はあとで茎に巻く。

7
グレージュの8番刺繍糸(1本どり)を始めはフェルトの中に隠すように刺し、上から糸を出す。

8
ストレート・ステッチで格子模様を作る。

9
黄色の25番刺繍糸(2本どり)で、Sの交差したところをとめるようにストレート・ステッチを刺していく。

10
巻き終わったらはさみで花の輪を切り、アザミの花の形になるように短く丸く切り整える。

11
まち針の先で、糸をほどくようにして花を広げながら整え仕上げる。長さが気になるところははさみで切って調整する。

12
アザミの完成。ヘアスプレーなどを花の先に軽く吹きつけてコーティングすると、アザミらしい硬さが表現できる。

ラベンダーの作り方

きれいな色合いの小花は
段染めの糸とブリオン・ステッチで作ります。
（口絵はp.19、材料と図案はp.69を参照）

1
ワイヤ（緑）を半分に折り、淡緑色の糸（4本どり）を巻いて茎を作る。上から3cmは3重に巻き、太く作る。

2
紫の糸（80cm 2本）を半分に折って、茎の先端の緑の糸を巻いたワイヤの先端に輪通し（p.51）をする。

3
ブリオン・ステッチをする。茎の糸に針を刺し、針に糸を5〜6回巻きつける。ややゆるめに巻くとラベンダーの花らしくなる。

4
糸を巻きつけた針を引く。

5
茎の糸に刺し、糸を引いてブリオン・ステッチの花の完成。この花をいくつも作っていく。

6
2個めのブリオン・ステッチをすぐ隣に刺す。すきまを作らないようにランダムに向きを変えて刺していくのがポイント。

7
糸が足りなくなってきたら、ワイヤに巻いた糸に通して切り、2のように新しい糸を輪通しして、刺していく。

8
花が刺せたところ。下のほうに少しすきまを作るとラベンダーらしくなる。

Column
DMC25番の段染めの糸束。1本がグラデーションになっている。自然な花の色合いを作るときに使う。

ブローチの仕立て方

作品をブローチにする方法です。
フェルトをはり、ブローチピンを糸で固定しましょう。

1 ブローチにしたい作品に、葉の裏や花びらの外側にフェルトをはる。接着剤を縁につける。

2 大きめのフェルトをはり、少し乾かす。

3 作品の糸を切らないように、形にそって少しずつはさみで切る。

4 フェルトをはったところ。

5 ブローチピンをつける。ここでは2.5cmのブローチピンを使用。

6 茎と同じ色の糸(80cm2本)を半分に折って針に通し、輪通し(p.51)して、ブローチピンの穴に通して固定する。

7 茎と一緒にブローチピンに巻きつける。

8 巻き終わったところ。糸の並びがきれいになるように巻く。

9 ブローチにしたバラの完成。ブローチピンは目立たないように作品の向きを考えてつける。

この本で使う基本のステッチ

この本でよく出てくるステッチを紹介します。
刺繍の基本的なステッチなので、覚えておくと便利です。

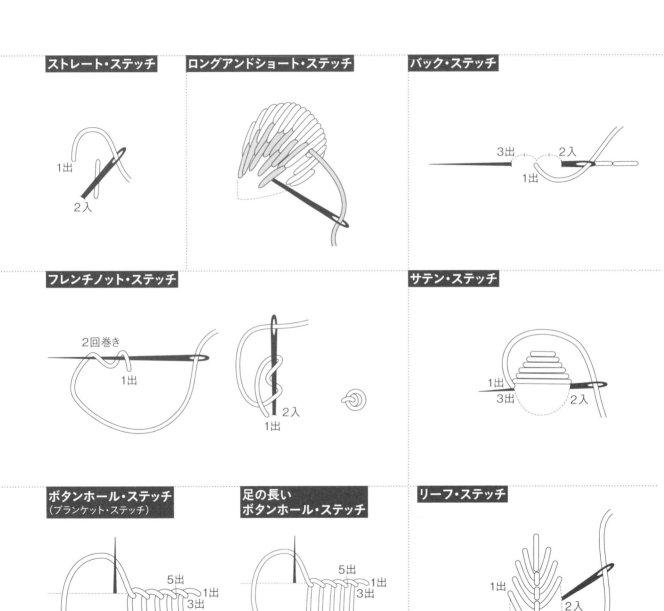

チェーン・ステッチ

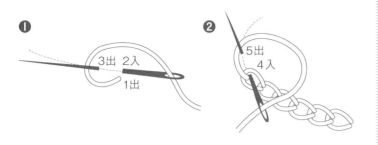

ウィップドチェーン・ステッチ

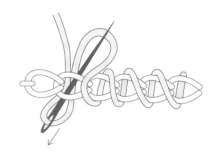

フライ・ステッチ

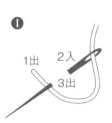

ランニング・ステッチ

アウトライン・ステッチ

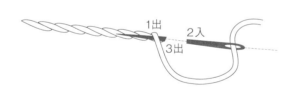

フェザー・ステッチ

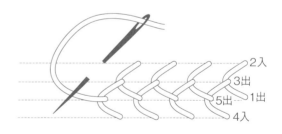

輪通し

ワイヤや木玉に糸をつけるときのテクニック。玉どめをせず、糸の固定ができます。

1. 半分に折った糸を針に通し（糸が2本通ったようになる）、布に刺して糸の輪を作ります。
2. できた輪に針を通します。写真ではワイヤをとめるために、布の上にワイヤを置いています。
3. 糸を引くと、ワイヤが固定されます。玉どめを作らずにスタートすることができます。

ヒナゲシ

⇨口絵6ページ

材料

糸 ………………………………
DMC25番刺繡糸…946、741、740、470、522、469、523、471、472、730、3078、726

布 ………………………………
麻布…白

その他 …………………………
木玉 長さ1.5cmを4個、長さ2cmを1個／フェルト（オレンジ、クリーム）／ワイヤ（白、緑）／手芸用接着剤

出来上りサイズ ………………
オレンジのヒナゲシ…花5cm、長さ10cm
クリームのヒナゲシ…花4cm、長さ10cm

オレンジのヒナゲシ

パーツ

〈実物大図案〉
花びら 4枚
ロングアンドショートS 2本どり

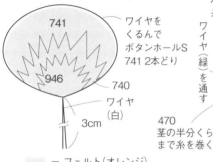

741
946
740
ワイヤをくるんでボタンホールS 741 2本どり
ワイヤ（白）
3cm
= フェルト（オレンジ）を裏に接着剤ではる

花心 1個
木玉1.5cm
糸は4本どり

ワイヤ（緑）を通す
470 全体を巻く
522 部分的に巻く
2cm
470 茎の半分くらいまで糸を巻く

おしべ 5本
ワイヤ（緑）各5cm
糸は2本どり

0.5cm
523を4本
469を1本

ワイヤの両端に糸を巻いて二つ折りにする

つぼみ 各1本
ワイヤ（緑）
糸は4本どり

木玉1.5cm
472
522
472
7cm
ワイヤ

木玉2cm
470
470
8cm

730をほぐして巻きつけ、接着剤ではる

クリームのヒナゲシ

パーツ

〈実物大図案〉
花びら 4枚
ロングアンドショートS 2本どり

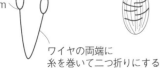

3078
726
ワイヤをくるんでボタンホールS 3078 2本どり
ワイヤ（白）
3cm
= フェルト（クリーム）を裏に接着剤ではる

花心 1個
オレンジのヒナゲシと同様に作る

つぼみ 各1本
ワイヤ（緑）
糸は4本どり

木玉1.5cm
472
522
730
7cm
ワイヤ

730をほぐして巻きつけ、接着剤ではる

おしべ 6本
ワイヤ（白）各5cm
726 2本どり

0.5cm

ワイヤの両端に糸を巻いて二つ折りにする

まとめ

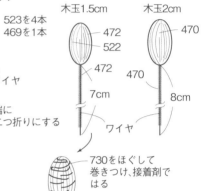

オレンジのヒナゲシ
つぼみ / 花心 / おしべ / 花びら
469 4本どり
花心におしべ、花びらを合わせ、まとめて糸を巻く

途中でつぼみをつけて一緒に巻く

下まで巻いて接着剤でとめる

クリームのヒナゲシ
つぼみ / 花心 / おしべ / 花びら
471 4本どり
花心におしべ、花びらを合わせ、まとめて糸を巻く

＊詳しくは42ページ「ユリ」を参照
＊Sはステッチの略

白ムスカリ

⇨口絵7ページ

材料

糸 ……………………………………
DMC25番刺繍糸…BLANC、ECRU、
472、469、937

布 ……………………………………
麻布…白

その他 ……………………………………
ワイヤ(緑)／手芸用接着剤

出来上りサイズ ……………………
大の花の長さ3cm、
小の花の長さ2cm、全体の長さ14cm

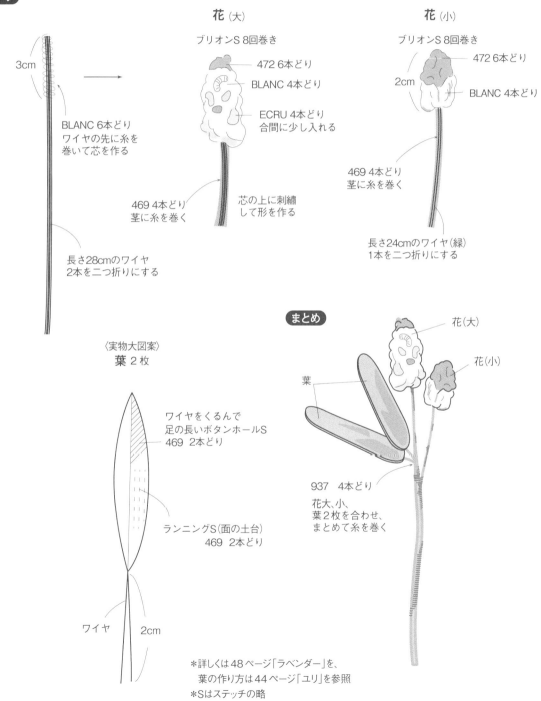

パーツ

3cm
BLANC 6本どり
ワイヤの先に糸を
巻いて芯を作る

長さ28cmのワイヤ
2本を二つ折りにする

花(大)
ブリオンS 8回巻き
472 6本どり
BLANC 4本どり
ECRU 4本どり
合間に少し入れる

469 4本どり
茎に糸を巻く

芯の上に刺繍
して形を作る

花(小)
ブリオンS 8回巻き
2cm
472 6本どり
BLANC 4本どり

469 4本どり
茎に糸を巻く

長さ24cmのワイヤ(緑)
1本を二つ折りにする

〈実物大図案〉
葉 2枚

ワイヤをくるんで
足の長いボタンホールS
469 2本どり

ランニングS(面の土台)
469 2本どり

ワイヤ　2cm

まとめ

花(大)
花(小)
葉

937 4本どり

花大、小、
葉2枚を合わせ、
まとめて糸を巻く

＊詳しくは48ページ「ラベンダー」を、
　葉の作り方は44ページ「ユリ」を参照
＊Sはステッチの略

マーガレット

⇨口絵8ページ

材料
糸 ……………………………………
DMC8番コットンパール… BLANC
DMC25番刺繍糸…470、523、444
布 ……………………………………
麻布…白

その他 ………………………………
ワイヤ(緑)／手芸用接着剤
出来上がりサイズ …………………
花の直径4cm、長さ14cm

パーツ

〈実物大図案〉
花 3枚
レイズドリーフS ＊40ページ参照
8番 BLANC 1本どり

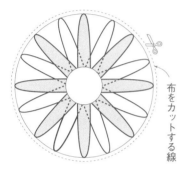

花びら
▨ ＝1段め(8枚)
□ ＝2段め(1段めの下に作る・8枚)

〈実物大図案〉
葉 2枚

ワイヤをくるんで
足の長いボタンホールS
470 2本どり

ワイヤ　3cm

〈実物大図案〉
花心 3枚
フレンチノットS 2回巻き
3本どり
＊花とは別の布に刺繍する

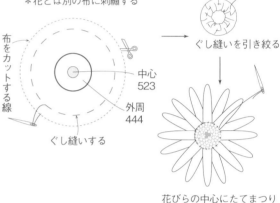

布をカットする線
中心 523
外周 444
ぐし縫いする

裏側
ぐし縫いを引き絞る

花びらの中心にたてまつりで縫いつける

まとめ

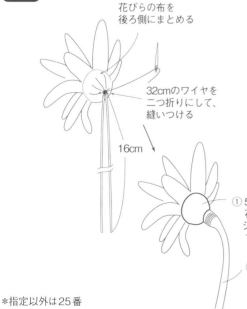

花びらの布を後ろ側にまとめる
32cmのワイヤを二つ折りにして、縫いつける
16cm

① 523 2本どり
花の後ろ側を
シングルボタンホールS
で包む

② 523 3本どり
茎に糸を巻く

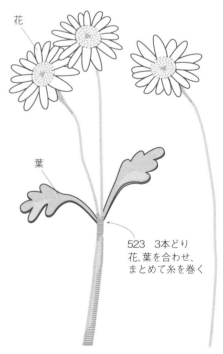

花
葉
523 3本どり
花、葉を合わせ、まとめて糸を巻く

＊指定以外は25番
＊Sはステッチの略

マーガレットの平面作品
⇨口絵9ページ

アザミの平面作品
⇨口絵15ページ

材料

マーガレット
糸
DMC25番刺繡糸…827、937、725、471、580、907
布
麻布…生成り
出来上がりサイズ
7×8cm

アザミ
糸
DMC25番刺繡糸…3608、3326、471、762、580、725、726、BLANC、370
布
麻布…生成り／フェルト…緑
出来上がりサイズ
10×8cm

マーガレットの実物大図案
＊花びらを立体に刺す（40ページ参照）。それ以外は平面に刺繡する

アザミの実物大図案
＊花びらを立体に作り、糸をフェルトで包み込んでまつりつけ、サテンSで埋める。それ以外は平面に刺繡する（作り方は47ページ参照）

＊指定以外は2本どり
＊Sはステッチの略

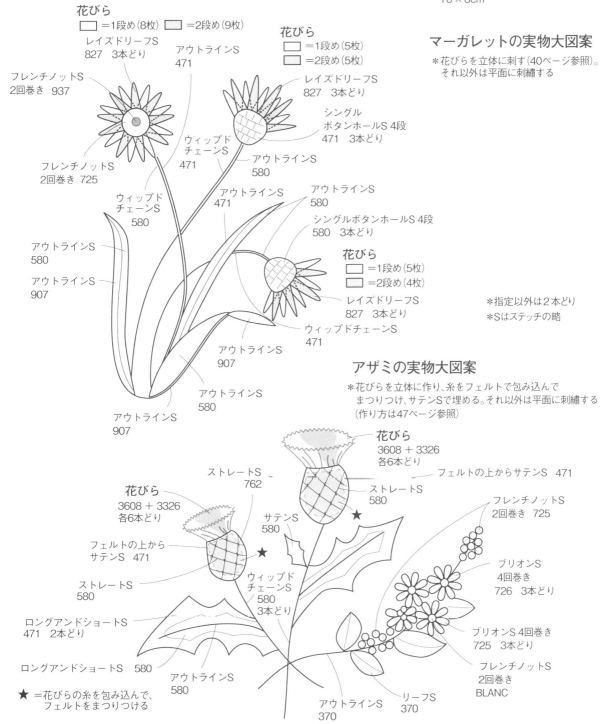

★＝花びらの糸を包み込んで、フェルトをまつりつける

スミレ

口絵10ページ

材料

糸
DMC25番刺繍糸…550、553、211、972、301、730、987、988、472

布
麻布…白

その他
ワイヤ(茶)／手芸用接着剤

出来上がりサイズ
花の直径2.5〜3cm、長さ10cm

パーツ

〈実物大図案〉
花びら(こい紫)
サテンS
550 2本どり
ワイヤをくるんで
ボタンホールS

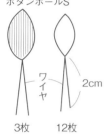

3枚　12枚　2cm

〈実物大図案〉
花びら(うす紫)
サテンS
553 2本どり
ワイヤをくるんで
ボタンホールS

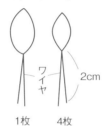

1枚　4枚　2cm

〈実物大図案〉
花びら(灰味うす紫)
サテンS
211 2本どり
ワイヤをくるんで
ボタンホールS

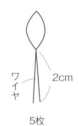

5枚　2cm

花心 5本
ワイヤ各11cm
972 2本どり

0.7cm
ワイヤ
ワイヤの端に糸を巻く

こい紫の花 3個

ストレートS
211 1本どり

うす紫の花 1個

ストレートS
211 1本どり

灰味うす紫の花 1個

ストレートS
553 1本どり

〈実物大図案〉
葉 2枚
ロングアンドショートS

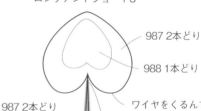

987 2本どり
988 1本どり
ワイヤをくるんでボタンホールS
987 2本どり
987 2本どりで2cm程度糸を巻く
3cm
ワイヤ

〈実物大図案〉
花びら 2枚
サテンS 553
2本どり
ワイヤをくるんで
ボタンホールS

つぼみ 1個

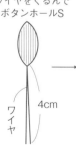

4cm
ワイヤ

先は開いたままにしておく
730をほぐして巻きつけ、接着剤ではり、2枚を合わせる
472 3本どりで3cm程度糸を巻く

まとめ

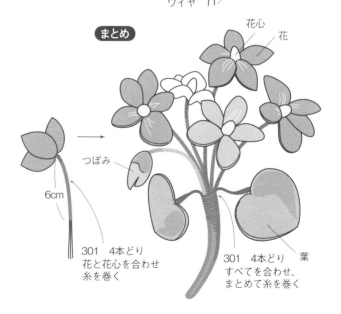

花心
花
つぼみ
6cm
301 4本どり
花と花心を合わせ糸を巻く
葉
301 4本どり
すべてを合わせ、まとめて糸を巻く

*Sはステッチの略

ヒメジョオン

⇨口絵11ページ

材料

糸
DMC25番刺繍糸…742、3348、818
470、472、165

布
麻布…白

その他
ワイヤ（緑）／手芸用接着剤

出来上がりサイズ
花大の直径3.5cm、花小の直径3cm、
長さ13cm

パーツ

花心（大・小）各1個
6本どり

＊大6回、小4回程度巻く

5cm
3348（少々）
742（多め）
ワイヤで中央をとめる
12cm

花びら（大・小）各1個
818　6本どり

＊花大12回、花小9回程度巻く

6cm
ワイヤで中央をとめる
12cm

〈実物大図案〉
葉2枚

ワイヤをくるんで足の長いボタンホールS
470　2本どり

ランニングS（面の土台）
470　2本どり

2cm　ワイヤ

ボタンホールSの上からアウトラインS
470　2本どり

まとめ

花心
花びら
花心を上に花びらを下に重ねる

中央のワイヤで二つ折りにする

472　4本どり
ぐるりと糸を巻き、この糸をすくいながらシングルボタンホールSをする

165　4本どり
糸を巻く

後ろ

まち針の先で整える（p.47の11参照）
花（大）
花心の中心は短めに切りそろえる
花（小）

472　4本どり
花2本、葉2枚を合わせ、まとめて糸を巻く

葉

＊花の作り方は47ページ「アザミの花」を参照
＊Sはステッチの略

モンシロチョウ

⇨口絵11ページ

材料

糸
DMC25番刺繡糸…746、841、839、413

布
麻布…白

その他
ワイヤ(白)／手芸用接着剤

出来上がりサイズ
幅5cm、長さ5cm

パーツ

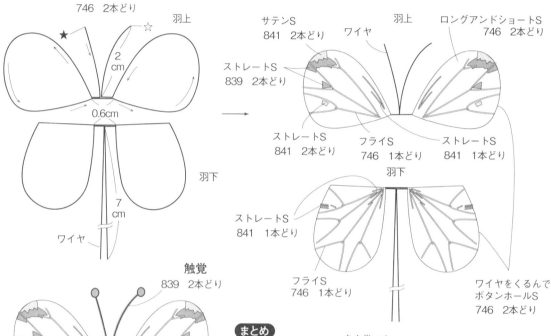

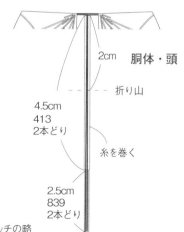

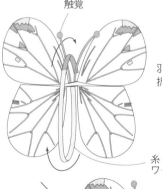

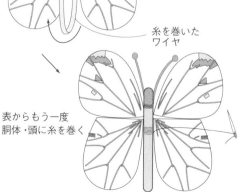

＊Sはステッチの略

パンジー

⇨口絵12ページ

材料

糸 DMC25番刺繍糸…3823、726、938、554、353、778、3689、581、310、725、973、580

布 麻布…白、黒、緑

その他 木玉 0.5cmを3個／フェルト（ベビーピンク）／ワイヤ（白、緑、茶）／手芸用接着剤

出来上りサイズ
花（クリーム）4×4cm
花（ピンク）4.5×5cm
花（黒）5×5.5cm

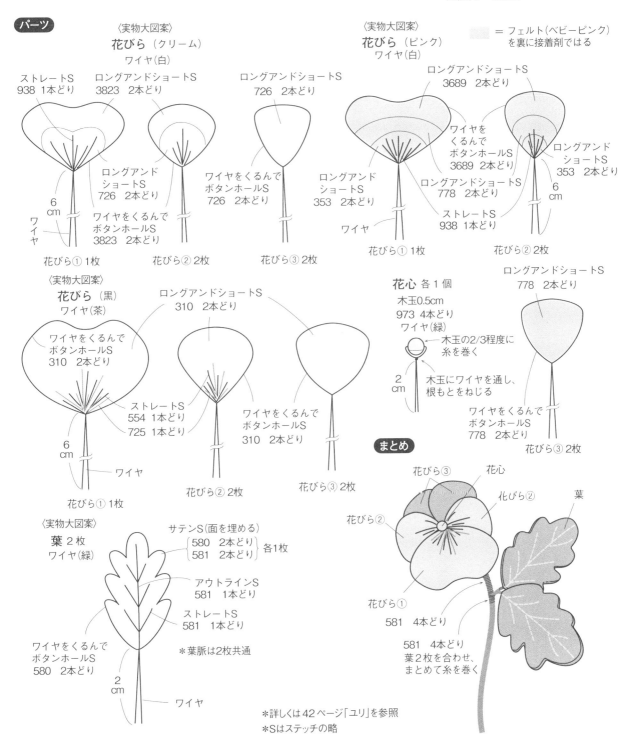

*詳しくは42ページ「ユリ」を参照
*Sはステッチの略

クローバー

⇨口絵12ページ

テントウムシ

⇨口絵8、12、31ページ

材料

糸……………………………………
DMC25番刺繍糸…クローバー／470
　470、471、165
テントウムシ／498、310
布……………………………………
麻布…クローバー／白
　　　テントウムシ／白
その他………………………………
クローバー／ワイヤ(緑)

テントウムシ／丸小ビーズ(赤)2個／
ワイヤ(茶)
共通／手芸用接着剤

出来上りサイズ……………………
クローバー／葉大3.5×3.5cm、
　葉小2.5×2.5cm
　花大の直径2cm、長さ2cm、
　花小の直径1.5cm、長さ2cm
テントウムシ／幅1cm、長さ1cm

パーツ

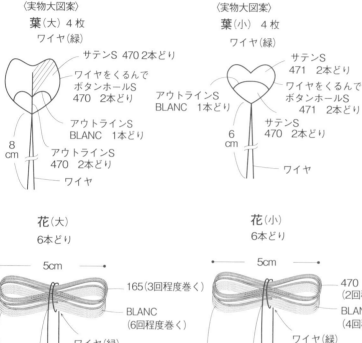

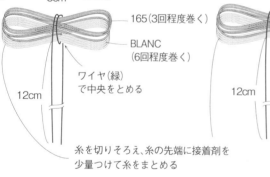

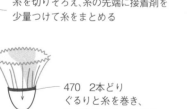

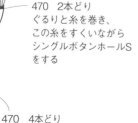

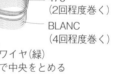

*花の作り方は47ページ「アザミの花」を参照
*Sはステッチの略

まとめ

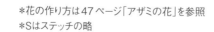

バラ（ピンク）

⇨口絵13ページ

材料

糸
DMC25番刺繍糸…351、352、353、948、469、471

布
麻布…白

その他
フェルト（黄緑）／ワイヤ（白、緑）／手芸用接着剤

出来上がりサイズ
花の直径4.5cm
長さ8.5cm（花を含む）

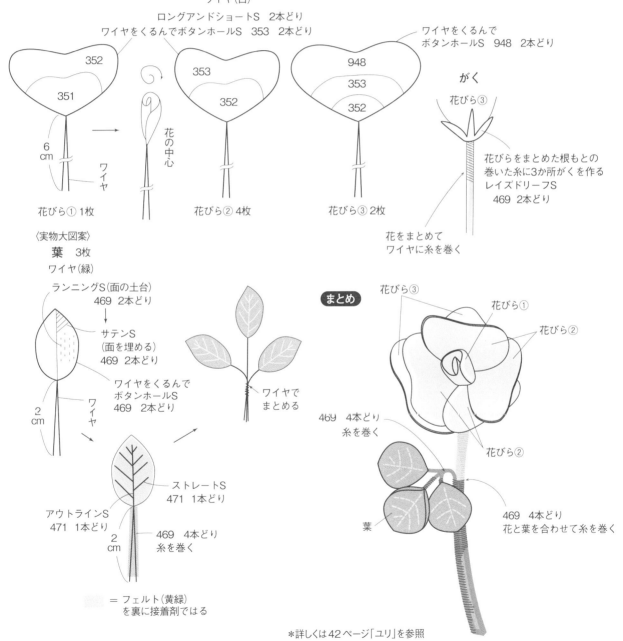

*詳しくは42ページ「ユリ」を参照
*Sはステッチの略

バラ(クリーム)

⇨口絵13ページ

材料

糸 ……………………………………
DMC25番刺繡糸…712、746、224、
225、733、937、725、727

布 ……………………………………
麻布…白

その他 ……………………………………
木玉 直径0.5cmを1個／フェルト(緑)
ワイヤ(白、緑)／手芸用接着剤

出来上がりサイズ ……………………………………
花の直径4.5cm、長さ13cm

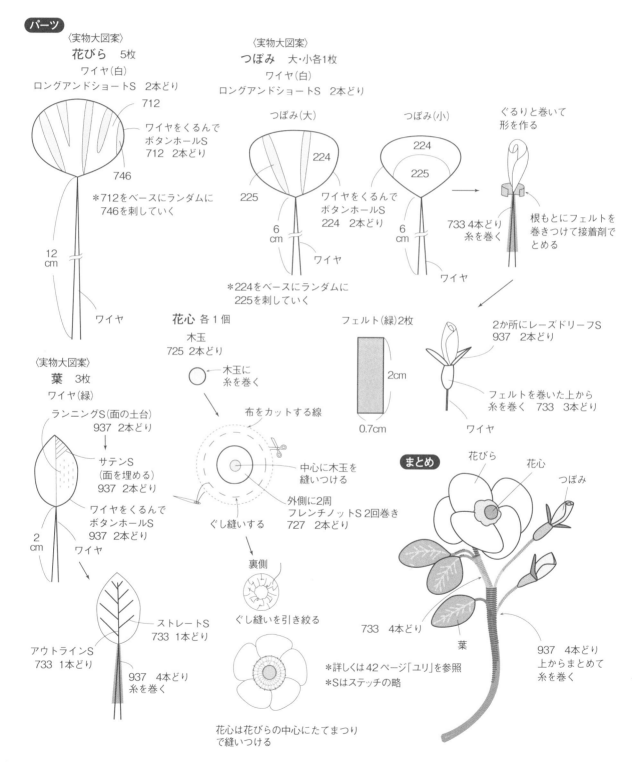

バラ(白)

⇨口絵13ページ

材料

糸
DMC25番刺繡糸…BLANC、3689、831、470、3348、523、725、727

布
麻布…白

その他
木玉 長さ1.5cmを1個、直径0.5cmを1個／フェルト(白)／ワイヤ(白、緑)／手芸用接着剤

出来上りサイズ
花の直径4cm、長さ10cm

パーツ

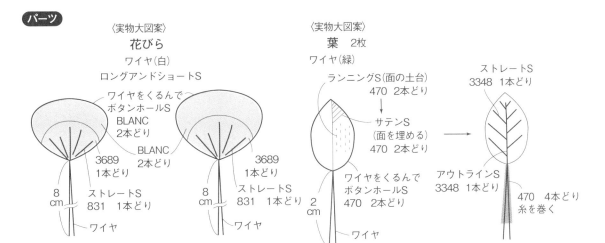

〈実物大図案〉
花びら
ワイヤ(白)
ロングアンドショートS
ワイヤをくるんでボタンホールS BLANC 2本どり
BLANC 2本どり
3689 1本どり
ストレートS 831 1本どり
8cm
ワイヤ
花びら① 2枚

花びら② 3枚
3689 1本どり
ストレートS 831 1本どり
8cm
ワイヤ

= フェルト(白)を裏に接着剤ではる

〈実物大図案〉
葉 2枚
ワイヤ(緑)
ランニングS(面の土台) 470 2本どり
サテンS (面を埋める) 470 2本どり
ワイヤをくるんでボタンホールS 470 2本どり
2cm
ワイヤ

ストレートS 3348 1本どり
アウトラインS 3348 1本どり
470 4本どり 糸を巻く

実 1個
木玉1.5cm
ワイヤ(緑)
糸は3本どり

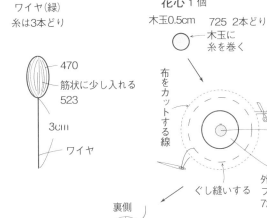

470
筋状に少し入れる
523
3cm
ワイヤ

〈実物大図案〉
花心 1個
木玉0.5cm　725 2本どり
木玉に糸を巻く
布をカットする線
中心に木玉を縫いつける
外側に2周 フレンチノットS 2回巻き 727 2本どり
ぐし縫いする

裏側
ぐし縫いを引き絞る

花心は花びらの中心にたてまつりで縫いつける

まとめ

花びら①
花びら②
花心
花びら②
花びら①
470 4本どり 糸を巻く
葉
実
470 4本どり 実を合わせて糸を巻く
470 4本どり 葉2枚をまとめたものを合わせて糸を巻く

＊詳しくは42ページ「ユリ」を参照
＊Sはステッチの略

アザミ

⇨口絵14ページ
⇨プロセス47ページ

材料

糸
DMC8番コットンパール…762、3348
DMC25番刺繡糸…208、552、471、580

布
麻布…白

その他
フェルト(緑)／ワイヤ(緑)／手芸用接着剤

出来上がりサイズ
花の横幅2cm、長さ3cm
全体の長さ12cm

パーツ

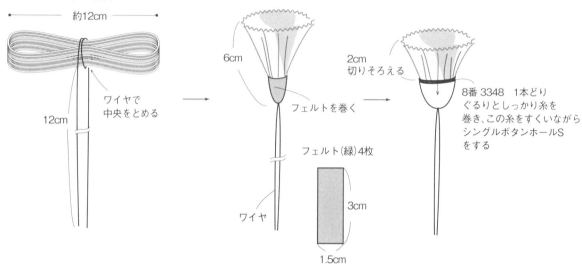

まとめ

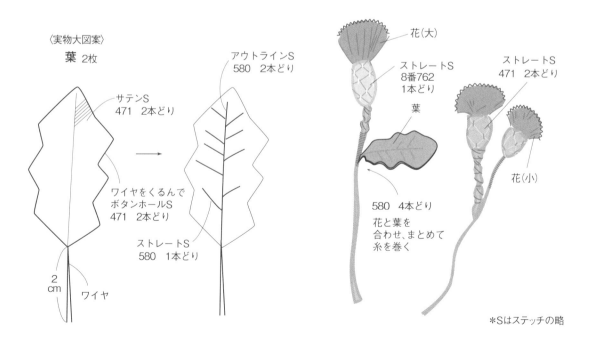

*Sはステッチの略

ツマベニチョウ

⇨口絵16ページ

材料

糸
DMC25番刺繡糸…746、938、402、739
布
麻布…白
その他
3mmのスワロフスキー(紺)1個／丸小ビーズ(茶)1個／極小ビーズ(透明ブルー)2個／ワイヤ(白、茶)／手芸用接着剤

出来上がりサイズ
幅5.5cm、長さ5cm

パーツ

〈実物大図案〉

羽(上・下) 各1枚
ワイヤ(白)

羽上
7cm
0.6cm
羽下
ワイヤ

→

ロングアンドショートS 746 2本どり
402 1本どり
ストレートS 739 1本どり
ストレートS 938 1本どり
938 2本どり
ワイヤをくるんでボタンホールS 938 2本どり
ワイヤをくるんでボタンホールS 746 2本どり
フライS 739 1本どり
ロングアンドショートS 746 2本どり
ストレートS 938 1本どり
ワイヤ4本をまとめて746 4本どりで糸を巻く

胴体・頭
ワイヤ(茶)5cm

極小ビーズ　丸小ビーズ
スワロフスキー
ワイヤ
ワイヤにビーズを通し、ワイヤにスミルナS 739 2本どりを2段刺繡する

まとめ

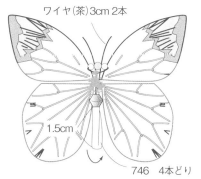

触覚
ワイヤ(茶)3cm 2本
1.5cm
746 4本どり

ワイヤを裏側に折り返し、前に胴体・頭を、後ろに触覚用のワイヤ2本を差し込み、再び糸を巻いて整える

＊Sはステッチの略

チューリップ

⇨口絵16ページ

材料

糸
DMC25番刺繍糸…727、726、581、470、869
布
麻布…白

その他
フェルト(モスグリーン)／ワイヤ(白、緑、茶)／手芸用接着剤
出来上りサイズ
花の横幅3cm、長さ13cm

パーツ

〈実物大図案〉
花びら 4枚
ワイヤ(白)

- ロングアンドショートS 727 2本どり
- ロングアンドショートS 726 2本どり
- アウトラインS 726 2本どり
- ワイヤをくるんで ボタンホールS 727 2本どり

10cm
ワイヤ

おしべ 3本
ワイヤ(茶)各5cm

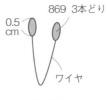

869 3本どり
0.5cm
ワイヤ

ワイヤの両端に糸を巻いて二つ折りにする

めしべ 1本
ワイヤ(茶)3cm
581 4本どり

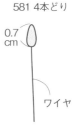

0.7cm
ワイヤ

ワイヤの端に糸を巻く

〈実物大図案〉
葉
ワイヤ(緑)

- サテンS(面を埋める) 581 2本どり
- ランニングS(面の土台) 581 2本どり
- ワイヤをくるんで ボタンホールS 581 2本どり

2cm
ワイヤ

→

- アウトラインS 470 1本どり
- ストレートS 470 1本どり

▓ ＝ フェルト(モスグリーン)を裏に接着剤ではる

まとめ

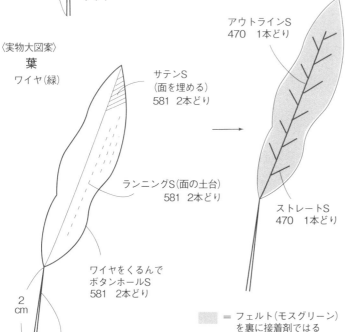

めしべ　花びら　おしべ
葉

581 4本どり 糸を巻く

581 4本どり 花、葉を合わせ、まとめて糸を巻く

＊詳しくは42ページ「ユリ」を参照
＊Sはステッチの略

サクラ

⇨口絵17ページ

材料

糸
DMC25番刺繍糸…BLANC、3716、819、604、301、733、963、580、869、726、3078、760

布
麻布…白

その他
手芸わた／ワイヤ(白、緑)／手芸用接着剤

出来上りサイズ
花の直径3cm、長さ9cm

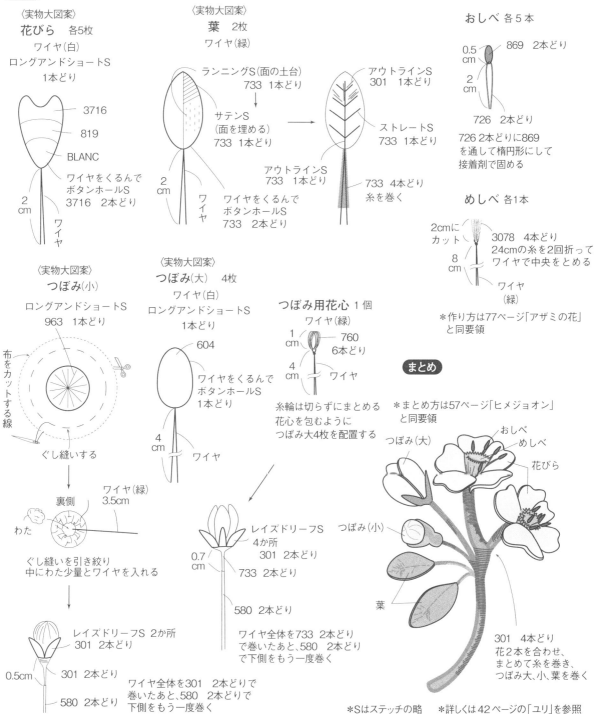

*Sはステッチの略　*詳しくは42ページの「ユリ」を参照

スズラン

⇨口絵18ページ

材料

糸 ……………………………………
DMC25番刺繍糸…BLANC、580、907

布 ……………………………………
麻布…白

その他 ………………………………
3mmのパールビーズ12個／フェルト（緑）／ワイヤ（緑）／手芸用接着剤

出来上りサイズ ……………………
横幅5cm（葉を除く）、長さ13cm

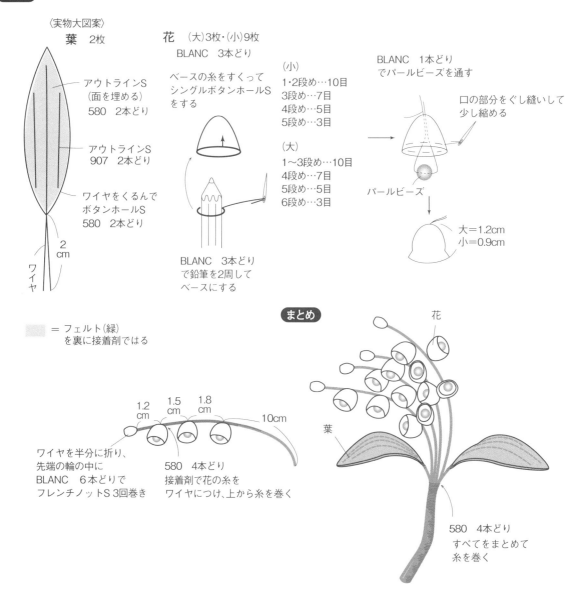

*葉の作り方は44ページ「ユリ」を参照
*Sはステッチの略

スズメバチ

⇨口絵18ページ

ラベンダー

⇨口絵19ページ
⇨プロセス48ページ

材料

スズメバチ ─────
糸 ─────
DMC25番刺繡糸…BLANC、310、307、5282
布 ─────
麻布…白／オーガンディ…白
その他 ─────
丸小ビーズ（青）2個／手芸わた／フェルト（黒）／ワイヤ（白）／手芸用接着剤
出来上がりサイズ ─────
幅4cm、長さ3.5cm（手足含む）

ラベンダー ─────
糸 ─────
DMC25番刺繡糸…52、470、471
その他 ─────
ワイヤ（緑）／手芸用接着剤
出来上がりサイズ ─────
長さ13〜16.5cm

スズメバチ
パーツ

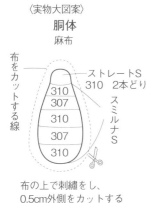

〈実物大図案〉
胴体　麻布
布をカットする線
ストレートS　310　2本どり
スミルナS
310 / 307 / 310 / 307 / 310
布の上で刺繡をし、0.5cm外側をカットする

〈実物大図案〉
羽　4枚
オーガンディ
1cm
ワイヤ
ワイヤをくるんでボタンホールS
BLANC　2本どり
糸を切らないようにカットする
布目の違うオーガンディを2枚重ねて羽を作る

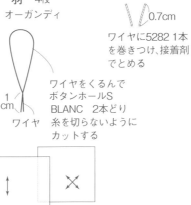

触覚
0.7cm
ワイヤに5282 1本を巻きつけ、接着剤でとめる

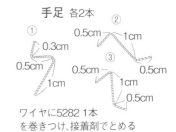

手足　各2本
①0.3cm / 0.5cm
②0.5cm / 1cm / 0.5cm
③0.5cm / 1cm / 0.5cm
ワイヤに5282 1本を巻きつけ、接着剤でとめる

（裏側）
ビーズを縫いつける
わた
フェルト（黒）を接着剤ではる

ラベンダー
パーツ

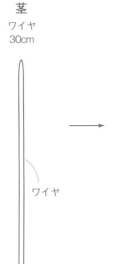

茎
ワイヤ
30cm
ワイヤ

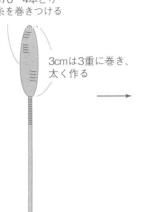

470　4本どり
糸を巻きつける
3cmは3重に巻き、太く作る

まとめ

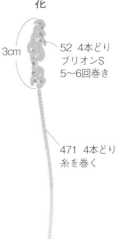

花
3cm
52　4本どり
ブリオンS
5〜6回巻き
471　4本どり
糸を巻く

＊Sはステッチの略

マスカット

⇨口絵20ページ

チェリー

⇨口絵20ページ
⇨プロセス46ページ

材料

マスカット
糸
DMC25番刺繡糸…471、580、3772、772、937
布
麻布…白
その他
木玉 直径1.4cmを1個、直径1.2cmを6個／ワイヤ（緑）／手芸用接着剤
出来上がりサイズ
幅6cm、長さ7.5cm

チェリー
糸
DMC25番刺繡糸…107、580、581、3372
布
麻布…白
その他
木玉 直径2cmを1個、直径1.8cmを1個／ワイヤ（緑）／手芸用接着剤
出来上がりサイズ
幅5cm、長さ7cm

マスカット

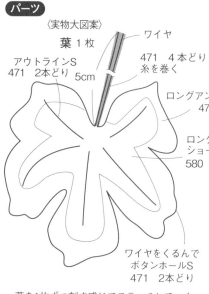
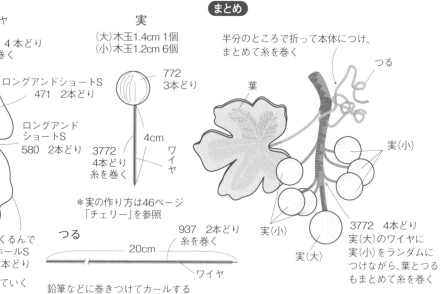

チェリー

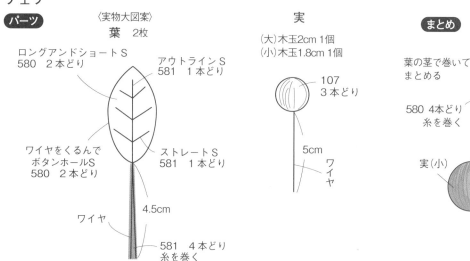

＊Sはステッチの略

ユリ

⇨口絵 21 ページ
⇨プロセス 42 ページ

材料

糸
DMC25番刺繍糸…BLANC、712、3348、921、936、469、738

布
麻布…白

その他
ワイヤ(白、緑)／手芸用接着剤

出来上りサイズ
幅12cm、長さ17cm

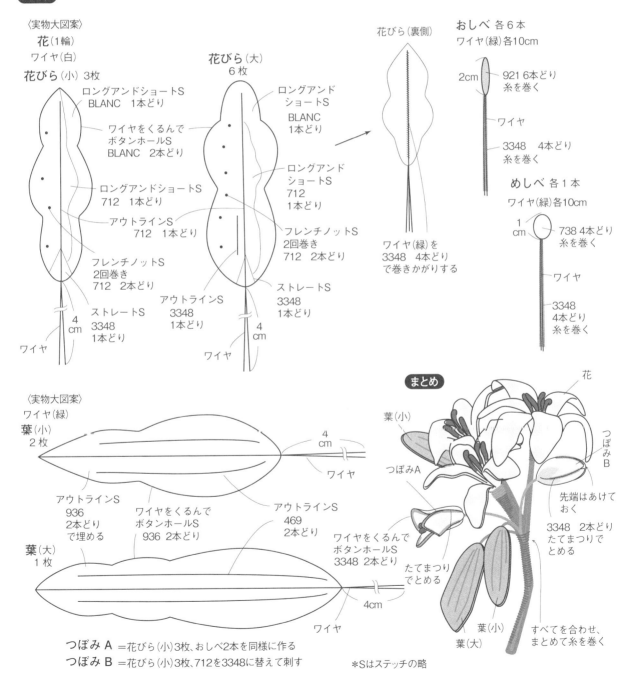

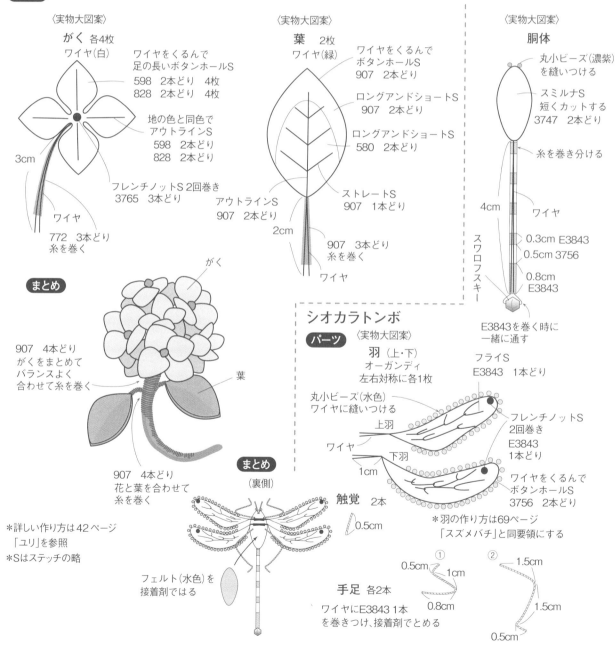

ヒマワリ

⇨口絵23ページ

材料

糸 ....
DMC25番刺繍糸…444、3820、435、471

布 ....
麻布…白

その他 ....
木玉 直径0.5cmを3個、直径1cmを1個／丸小ビーズ(茶)30個、(赤)3個、(白)1個フェルト(モスグリーン)／ワイヤ(緑)／手芸用接着剤

出来上りサイズ ....
幅8.4cm、長さ5.5cm

パーツ

〈実物大図案〉

花
レイズドリーフS ＊40ページ参照
2段めの花びら11枚（1段めの下に作る）
444　4本どり

1段めの花びら 10枚
444　4本どり

3段めの花びら 12枚
（2段めの下に作る）
3820　4本どり

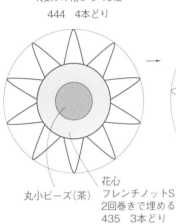

丸小ビーズ(茶)

花心
フレンチノットS
2回巻きで埋める
435　3本どり

布をカットする線

〈実物大図案〉
葉 2枚

ワイヤをくるんで
ボタンホールS
471　2本どり

ロングアンドショートS
471　2本どり

アウトラインS
471　2本どり

ストレートS
471　2本どり

2cm　ワイヤ

実(小)
木玉0.5cm 3個

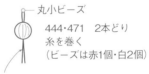

丸小ビーズ

444・471　2本どり
糸を巻く
(ビーズは赤1個・白2個)

ワイヤ10cmを木玉に通し、
ビーズを入れて折り戻す

実(大)
木玉1cm 1個

444　2本どり
を巻いた糸に
からげる

丸小ビーズ(赤)

471　2本どり
糸を巻く

ワイヤ10cmを木玉に通し、
ビーズを入れて折り戻す

＊実の作り方は46ページ「チェリー」を参照

まとめ

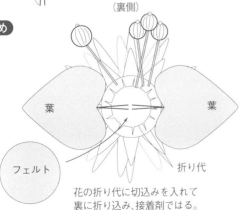

(裏側)
葉　葉
フェルト
折り代

花の折り代に切込みを入れて
裏に折り込み、接着剤ではる。
パーツを配置し、上にフェルトを
はる

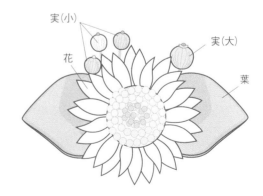

実(小)　実(大)
花　葉

＊葉の作り方は44ページ「ユリ」を参照
＊Sはステッチの略

オリーブ

⇨口絵23ページ

材料

糸 ……………………………
DMC25番刺繡糸…520、471、772、611

布 ……………………………
麻布…白

その他 ……………………………
木玉 長さ2cmを3個／フェルト（緑）
ワイヤ（緑）／手芸用接着剤

出来上りサイズ ……………………………
幅8cm、長さ9.5cm

パーツ

〈実物大図案〉
葉 大4枚・小3枚

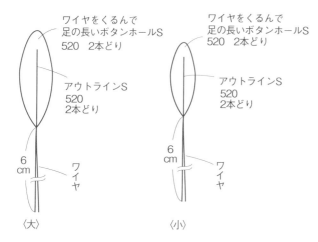

実（大）
木玉 1個
フェルト（緑）

木玉にフェルトを巻き、471 2本どりでたてまつり。ふっくらとした形にしてから糸を巻く

↓

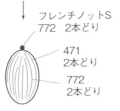

実（小）
木玉 2個

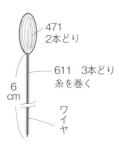

小の実の1個にはワイヤを通す

まとめ

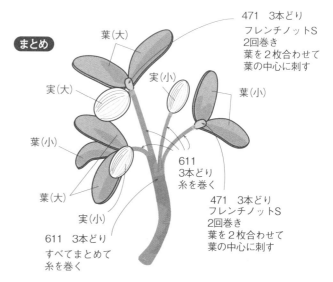

＊実の作り方は46ページ「チェリー」を参照
＊Sはステッチの略

カラー

⇨口絵24ページ

コヤマトンボ

⇨口絵24ページ

材料

カラー
糸
DMC25番刺繡糸…BLANC、3348、746、726、677、470
布
麻布…白
その他
ワイヤ(白)／手芸用接着剤
出来上がりサイズ
幅4cm、長さ15cm

コヤマトンボ
糸
DMC25番刺繡糸…3345、472、E3821
布
麻布…緑／オーガンディ…緑
その他
丸小ビーズ(紺)2個／4mmのスワロフスキー(ライトグリーン)1個／フェルト(緑)／ワイヤ(白)／手芸用接着剤
出来上がりサイズ
幅7cm、長さ6cm

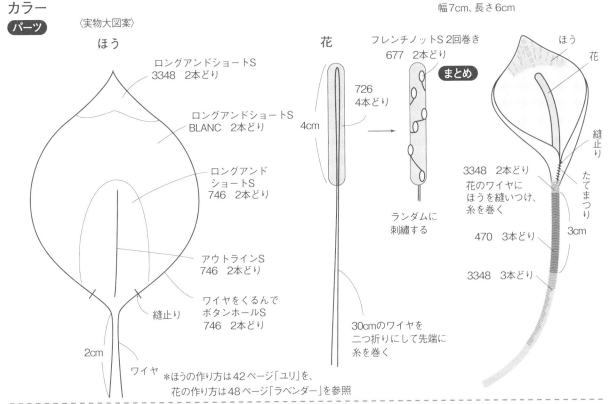

*Sはステッチの略

チョコレート
コスモス

⇨口絵26ページ

材料

糸············
DMC25番刺繍糸…918、580、221、300

布············
麻布…白

その他············
手芸わた／木玉 直径1cmを1個／ワイヤ（茶、緑）／手芸用接着剤

出来上りサイズ············
花の直径5cm、長さ12cm

パーツ

〈実物大図案〉
花びら 8枚
ワイヤ（茶）
ロングアンドショートS
918　2本どり

ワイヤをくるんで
ボタンホールS
918　2本どり

4cm

ワイヤ

〈実物大図案〉
花心
ワイヤ（茶）
フレンチノットS 2回巻き

布をカットする線

221　2本どり
（ほとんど埋める）

300　3本どり
（ランダムに少し入れる）

ぐし縫いする

裏側
わた
ワイヤ（茶）
3.5cm

ぐし縫いを引き絞り
中にわた少量とワイヤを入れる

〈実物大図案〉
葉 1枚
ワイヤ（緑）
ロングアンドショートS
580　2本どり

580
2本どり
糸を巻く

1.5cm

ワイヤをくるんで
ボタンホールS
580　2本どり

8cm

ワイヤ

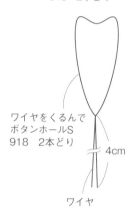

つぼみ 1個
木玉1cm
ワイヤ（緑）

フレンチノットS 2回巻き
300　2本どり

1cm

918　2本どり

580　2本どり
糸を巻く

ワイヤ8cmを二つ折りにして木玉に通し、
フレンチノットSを刺してとめる

まとめ

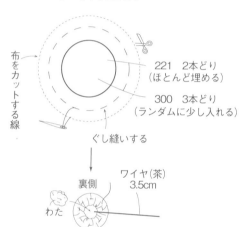

花びら
花心
つぼみ
葉

580　4本どり
糸を巻く

580　4本どり
花、つぼみ、葉を
合わせ、まとめて
糸を巻く

＊詳しい作り方は42ページ「ユリ」を参照
＊Sはステッチの略

バラの実

⇨口絵27ページ

ドングリ

⇨口絵27ページ

材料

バラの実
糸
DMC25番刺繍糸…580、471、632、900、470、772、741、3776
布
麻布…白
その他
木玉 直径1.5cmを7個、直径1cmを4個／フェルト（緑）／ワイヤ（緑）／手芸用接着剤
出来上りサイズ
幅9cm、長さ8cm

ドングリ
糸
DMC25番刺繍糸…734、434、612、738、938、780、471
布
麻布…白
その他
木玉 長さ2cmを4個／ワイヤ（緑）／手芸用接着剤
出来上りサイズ
幅6cm、長さ6cm

バラの実

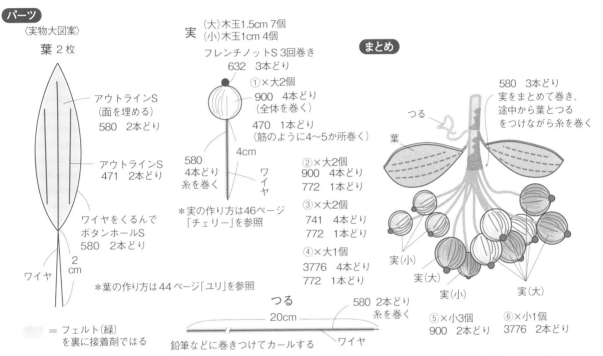

ドングリ

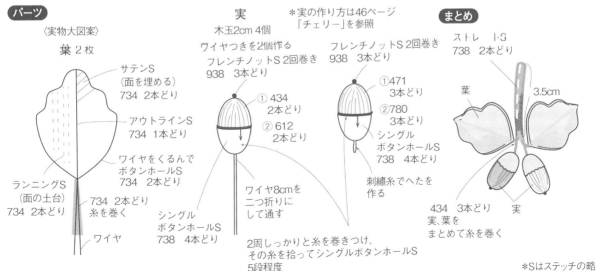

*Sはステッチの略

メガネアゲハ

⇨口絵28ページ

材料
糸 ……………………………………………
DMC25番刺繍糸…937、907、471、470、581、5282、307、3819、310
布
麻布…白
その他 ………………………………………
丸大ビーズ(透明グリーン)1個／丸小ビーズ(金色)2個／ワイヤ(緑)／手芸用接着剤

出来上りサイズ ……………………………
幅6cm、長さ4cm

パーツ

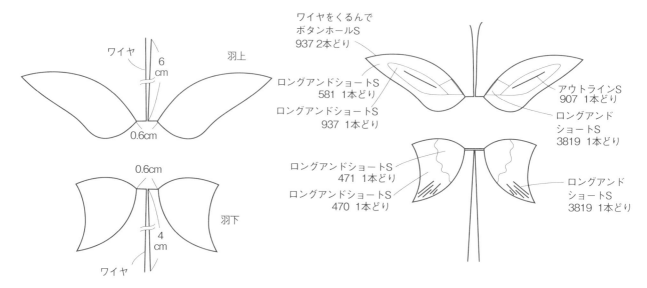

触覚

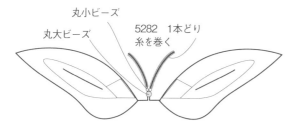

羽上のワイヤ2本に丸大ビーズを通し、1本ずつそれぞれに丸小ビーズを通す。その上に糸を巻く、接着剤でとめる

まとめ

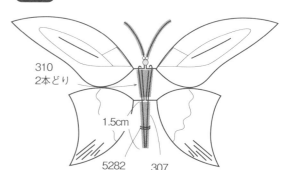

羽下のワイヤを羽上に巻きつけ、上から糸を巻く

＊Sはステッチの略

フランネルフラワー

⇨口絵28ページ

材料

糸
DMC25番刺繍糸…BLANC、3345、772、3348、472

布
麻布…白

その他
フェルト(緑)／布用ペン(黄)／ワイヤ(白、緑)／手芸用接着剤

出来上りサイズ
幅8.5cm、長さ13cm

パーツ

〈実物大図案〉
花びら(大) 3枚
ワイヤ(白)
ロングアンドショートS

- 3345　1本どり
- 772　1本どり
- BLANC　2本どり
- ワイヤをくるんでボタンホールS　BLANC　2本どり
- 2cm
- ワイヤ

〈実物大図案〉
花びら(小) 13枚
ワイヤ(白)
ロングアンドショートS

- 3345　1本どり
- 772　1本どり
- BLANC　2本どり
- ワイヤをくるんでボタンホールS　BLANC　2本どり
- 2cm
- ワイヤ

〈実物大図案〉
葉 2枚
ワイヤ(緑)

- ロングアンドショートS　3348　2本どり
- ロングアンドショートS　472　2本どり
- ストレートS　3345　1本どり
- アウトラインS　3345　2本どり
- ワイヤをくるんでボタンホールS　3348　2本どり
- 2cm
- ワイヤ
- 3348　2本どり 糸を巻く

▨ ＝フェルト(緑)を裏に接着剤ではる

まとめ

- 花びら(大)
- 花びら(小)
- 花心を最後に切りそろえて布用ペン(黄)で着色
- 花びら(小)
- 花びら(大)
- すべて花びら(小)
- 葉
- 3348　3本どり 花に葉を合わせ、まとめて糸を巻く

花心 2個
ワイヤ(白)

- 2cmにカット
- 3348 6本どり 24cmの糸を2回折ってワイヤで中央をとめる
- 10cm
- ワイヤ(緑)

＊作り方は47ページ「アザミの花」と同要領

＊詳しい作り方は42ページ「ユリ」を参照
＊Sはステッチの略

ガーベラ

⇨口絵29ページ

材料

糸
DMC25番刺繍糸…黄の花／972、726、937、471、973
えんじの花／814、732、3821、470、471、973
布
麻布…白

その他
フェルト(緑)／ワイヤ(緑)／手芸用接着剤

出来上りサイズ
黄の花／直径4.5cm、長さ11cm
えんじの花／直径4cm、長さ11cm

パーツ

〈実物大図案〉
黄色の花
レイズドリーフS ＊40ページ参照
972 2本どり
1段めの花びら 12枚

2段めの花びら 8枚
（1段めの下に作る）

〈実物大図案〉
花心
花の中心をフレンチノットS 2回巻きで埋める
黄色の花／471 2本どり
えんじの花／3821 2本どり

布をカットする線

黄色の花／937 3本どり
えんじの花／732 2本どり

スミルナS 2本どり
黄色の花／726
えんじの花／814

〈実物大図案〉
えんじの花
レイズドリーフS ＊40ページ参照
814 2本どり
1段めの花びら 11枚

〈実物大図案〉
葉 2枚
ロングアンドショートS
470 2本どり

ロングアンドショートS
471 2本どり

アウトラインS
471 2本どり

ワイヤをくるんでボタンホールS
470 2本どり

3cm { 471 3本どり / 732 3本どり } 各1本

ワイヤ

▨ ＝フェルトを裏に接着剤ではる

2段めの花びら 11枚
（1段めの下に作る）

（裏側）
フェルト

半分に折って糸を巻いたワイヤを花裏の中央に縫いとめる

フェルトの中央に穴をあけ、ワイヤに通して花裏に接着剤ではる
973 4本どり
糸を巻く

まとめ

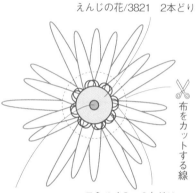

えんじの花

973 4本どり
葉2枚を合わせ、まとめて糸を巻く

葉

黄の花

＊葉の作り方は44ページ「ユリ」を参照
＊Sはステッチの略

ヤドリギ

⇨口絵30ページ

ヒイラギ

⇨口絵30ページ

材料

ヤドリギ
糸
DMC25番刺繍糸…469、BLANC、ECRU、772
布
麻布…白
その他
木玉 直径1cmを2個、直径0.5cmを3個／ワイヤ（緑）／手芸用接着剤
出来上がりサイズ
幅8cm、長さ13cm

ヒイラギ
糸
DMC25番刺繍糸…890、3347、349
布
麻布…白
その他
木玉 直径1.5cmを3個／1分丈ビーズ（ブロンズ）3個／ワイヤ（緑）／手芸用接着剤
出来上がりサイズ
幅7cm、長さ8cm

ヤドリギ

パーツ 〈実物大図案〉

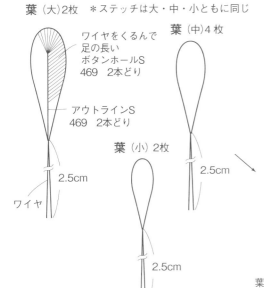

葉（大）2枚 ＊ステッチは大・中・小ともに同じ
ワイヤをくるんで足の長いボタンホールS 469 2本どり
アウトラインS 469 2本どり
葉（中）4枚
葉（小）2枚
2.5cm
ワイヤ

実
（大）木玉1cm BLANC、ECRU 各1個
（小）木玉0.5cm ECRU 3個
4本どり

＊実の作り方は46ページ「チェリー」を参照

中、大の葉の間にフレンチノットS 2回巻き 772 2本どり

469 3本どり

葉を2枚、根もとで合わせワイヤに糸を巻く

まとめ

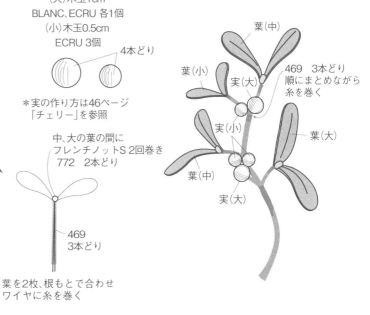

葉（中）
葉（小）
実（大）
469 3本どり 順にまとめながら糸を巻く
葉（大）
葉（中）
実（小）
実（大）

ヒイラギ

パーツ 〈実物大図案〉

葉 3枚
ロングアンドショートS 890 2本どり
フェザーS 890 2本どり
ロングアンドショートS 3347 2本どり
ワイヤをくるんでボタンホールS 890 2本どり
2cm
ワイヤ

実 木玉1.5cm 3個
ビーズ
349 4本どり
890 3本どり 糸を巻く
12cmのワイヤを二つ折り

＊実の作り方は46ページ「チェリー」を、葉の作り方は44ページ「ユリ」を参照
＊Sはステッチの略

まとめ

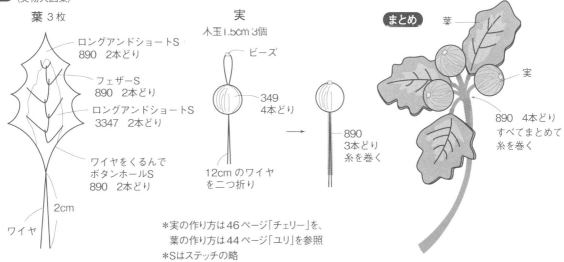

葉
実
890 4本どり すべてまとめて糸を巻く

ベニテングタケ

⇨口絵31ページ

材料

糸 ………………………………
DMC25番刺繡糸…ECRU、900、741、433

布 ………………………………
麻布…白

その他 ………………………………
フェルト(白、緑)／手芸わた／ワイヤ(白)／手芸用接着剤

出来上がりサイズ ………………………………
幅4cm、長さ6.5cm

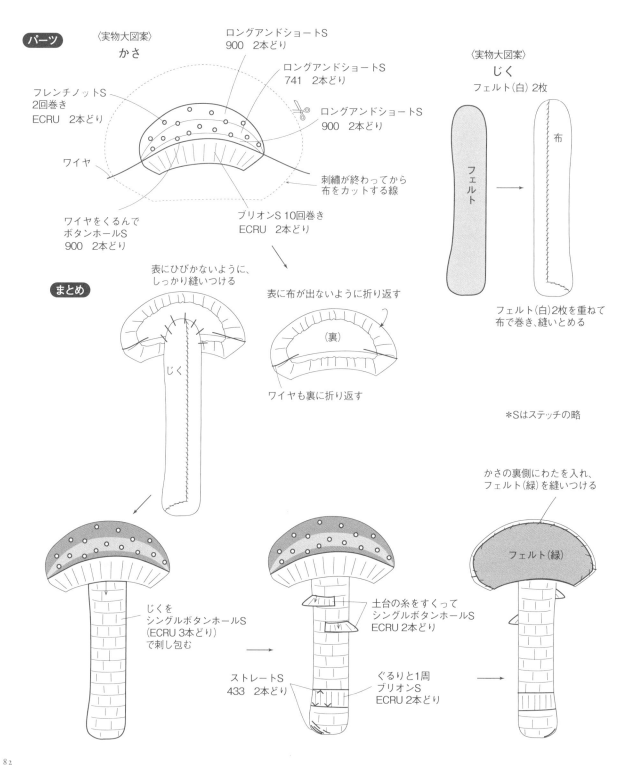

シロカラカサタケ

⇨口絵31ページ

タマゴタケ

⇨口絵31ページ

材料

シロカラカサタケ
糸
DMC25番刺繡糸…BLANC、ECRU
布
麻布…白
その他
フェルト(ベージュ、白)／手芸わたワイヤ(白)／手芸用接着剤
出来上がりサイズ
幅2.5cm、長さ6.5cm

タマゴタケ
糸
DMC25番刺繡糸…355、606、3046、3045、ECRU
布
麻布…白
その他
フェルト(ベージュ、白)／手芸わたワイヤ(白)／手芸用接着剤
出来上がりサイズ
幅1.5cm、長さ5cm

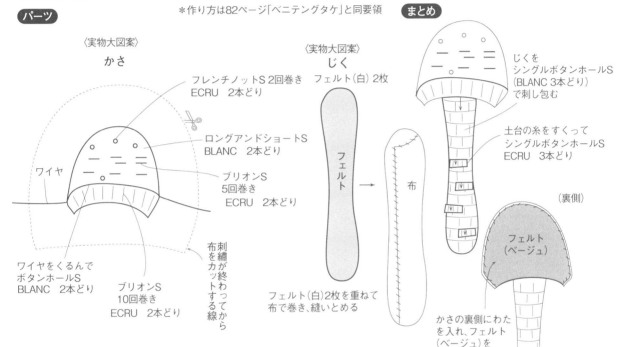

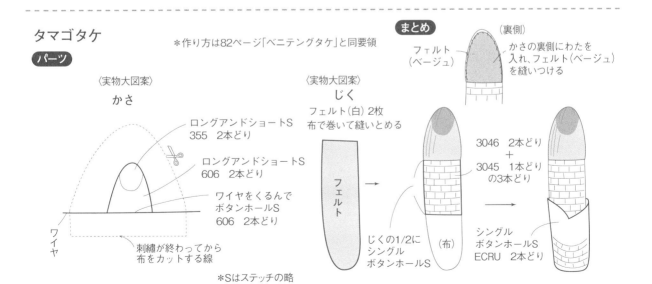

*Sはステッチの略

イチゴ

⇨口絵32ページ
⇨プロセス45ページ

材料

糸
DMC8番コットンパール…321
DMC25番刺繍糸…BLANC、580、3362、470、973、107
布
麻布…白

その他
フェルト(赤)／手芸わた／ワイヤ(白、緑)／手芸用接着剤
出来上りサイズ
9×4.5cm

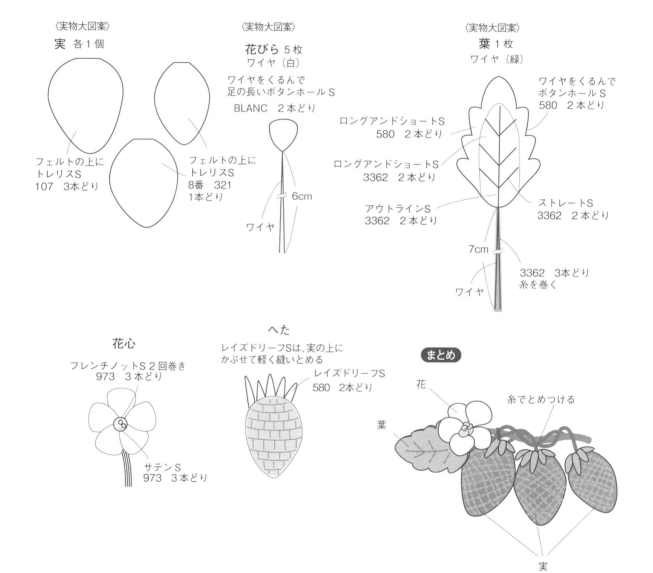

*花と葉の作り方は42ページ「ユリ」を参照
*Sはステッチの略

クリスマスローズ

⇨口絵32ページ

材料

糸
DMC25番刺繍糸…327、772、209、3347、3346、612

布
麻布…白

その他
木玉 直径1cmを2個／ワイヤ(白、緑)
手芸用接着剤

出来上りサイズ
花(大)の直径4.5cm
花(小)の直径4cm、長さ13.5cm

パーツ

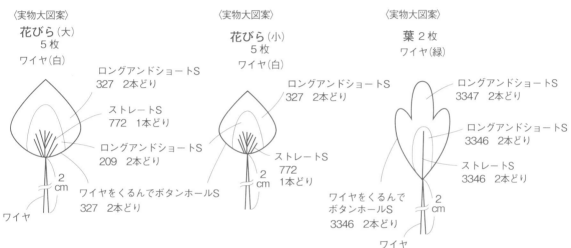

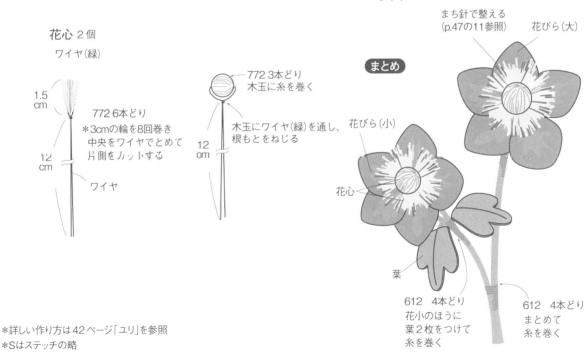

*詳しい作り方は42ページ「ユリ」を参照
*Sはステッチの略

イチゴの平面作品

⇨ 口絵33ページ
⇨ プロセス45ページ

材料

糸
DMC8番コットンパール…321
DMC25番刺繍糸…BLANC、52、972、471、580

布
麻布…生成り

その他
木玉 直径0.5cmを9個／フェルト（赤）／手芸わた

出来上りサイズ
9.5×4.5cm

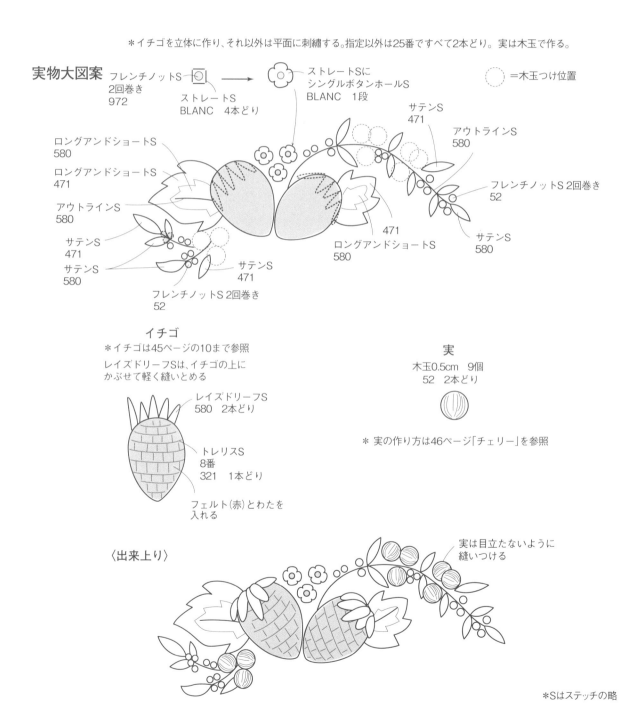

スイセン

⇨口絵34ページ

スノードロップ

⇨口絵34ページ

材料

スイセン

糸
DMC25番刺繡糸…BLANC、907、972、745、727、580、722、3820、732

布
麻布…白

その他
ワイヤ(白、緑)／手芸用接着剤

出来上がりサイズ
花の直径5cm、長さ13cm

スノードロップ

糸
DMC25番刺繡糸…BLANC、470、3348、3346、469、988、734、580、369

布
麻布…白

その他
フェルト(緑)1.5×0.7cm／ワイヤ(白、緑)／手芸用接着剤

出来上がりサイズ
花の幅2cm、長さ12cm

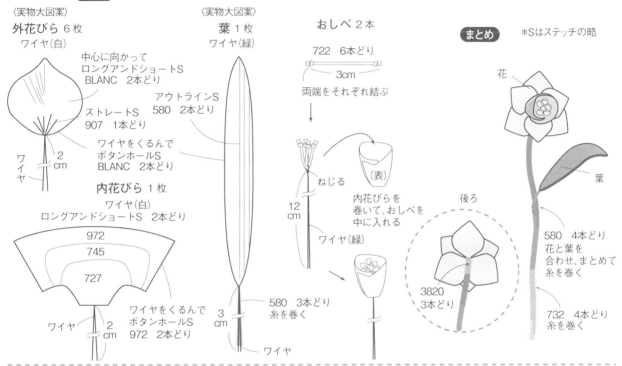

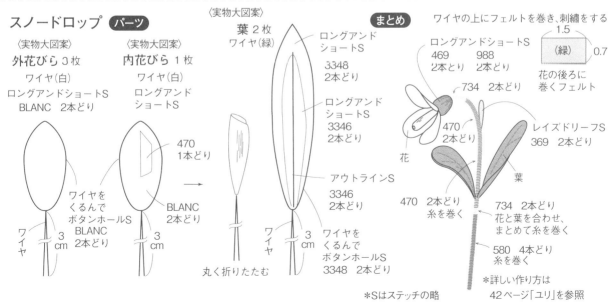

*詳しい作り方は42ページ「ユリ」を参照

鈴木美江子（すずきみえこ）

女子美術大学にて、デザイン、グラフィックを学ぶ。卒業後、建築インテリア関係のグラフィックデザインに従事。刺繡の基礎は個人教室にて習得。立体刺繡（スタンプワーク）を初めて見たころ、日本には書物が少なく洋書を収集し自身で学ぶ。作家活動は2006年から。都内百貨店を中心に指導、作品展示、オーダー、ウェディング用品の製作も手がける。
ホームページ「花の手仕事」 http://www.flower-works.net

刺繡糸提供

ディー・エム・シー
東京都千代田区神田紺屋町13 山東ビル7F
tel.03-5296-7831
http://www.dmc.com（グローバルサイト）
http://www.dmc-kk.com（WEBカタログ）

撮影協力

クロバー（手芸用品）
大阪市東成区中道3-15-5
tel.06-6978-2211
http://www.clover.co.jp/

竹尾（撮影用バック紙）
東京都千代田区神田錦町3-18-3
tel.03-3292-3631
http://www.takeo.co.jp

ブックデザイン ………… 岡本洋平＋島田美雪（岡本デザイン室）
撮影 …………………… 公文美和
プロセス撮影 ………… 安田如水（文化出版局）
作り方解説、トレース … 西田千尋　安藤能子（fève et fève）
協力 …………………… 平林理恵（日本手芸協会）
校閲 …………………… 向井雅子
編集協力 ……………… 加藤風花（スタジオポルト）
編集 …………………… 大沢洋子（文化出版局）

Mieko Suzuki's Flower works
刺繡で作る立体の花々

2017年2月 6日　第1刷発行
2017年9月15日　第2刷発行

著　者　　鈴木美江子
発行者　　大沼 淳
発行所　　学校法人文化学園 文化出版局
　　　　　〒151-8524　東京都渋谷区代々木 3-22-1
　　　　　電話　03-3299-2489（編集）
　　　　　　　　03-3299-2540（営業）
印刷・製本所　株式会社文化カラー印刷

©Mieko Suzuki 2017　Printed in Japan
本書の写真、カット及び内容の無断転載を禁じます。

・本書のコピー、スキャン、デジタル等の無断複製は
　著作権法上での例外を除き、禁じられています。
　本書を代行業者等の第三者に依頼してスキャンや
　デジタル化することは、たとえ個人や家庭内での利用でも
　著作権法違反になります。
・本書で紹介した作品の全部または一部を商品化、複製頒布、
　及びコンクールなどの応募作品として出品することは
　禁じられています。
・撮影状況や印刷により、作品の色は実物と
　多少異なる場合があります。ご了承ください。

文化出版局のホームページ http://books.bunka.ac.jp/